MW00685814

JESÚS Y EL ENIGMA DE LOS TEMPLARIOS

MARIANO JOSÉ VÁZQUEZ ALONSO

JESÚS Y EL ENIGMA DE LOS TEMPLARIOS

EDAF

JESÚS DE NAZARET
B I B L I O T E C A

MADRID - MÉXICO - BUENOS AIRES - SAN JUAN - SANTIAGO
2005

Diseño de cubierta: Ricardo Sánchez

Editorial Edaf, S. A.
Jorge Juan, 30. 28001 Madrid
http://www.edaf.net
edaf@edaf.net

Edaf y Morales, S. A.
Oriente, 180, n.º 279. Colonia Moctezuma, 2da. Sec.
15530 México D.F.
http://www.edaf-y-morales.com.mx
edafmorales@edaf.net

Edaf del Plata, S. A.
Chile, 222
1227 Buenos Aires, Argentina
edafdelplata@edaf.net

Edaf Antillas, Inc.
Av. J. T. Piñero, 1594
Caparra Terrace (00921 - 1413)
San Juan, Puerto Rico
edafantillas@edaf.net

Edaf Chile, S. A.
Huérfanos, 1178 - Of. 506
Santiago, Chile
edafchile@edaf.net

Octubre 2005

Depósito legal: M-43.732-2005
ISBN: 84-414-1732-6

PRINTED IN SPAIN   IMPRESO EN ESPAÑA
GRÁFICAS COFÁS

A Ana,
que es brújula, estrella y camino

Índice

❧

12 JESÚS Y EL ENIGMA DE LOS TEMPLARIOS

Págs.

Se inicia una «cruzada» 159
Un tal Simón de Montfort 160
La hoguera de Montségur 162

Capítulo V. TROVADORES, CÁTAROS Y TEMPLARIOS . 167
El arcano arte del *trobadour* 168
La *Dama* de los trovadores 169
Trovadores, cátaros ¿y templarios? 171

Capítulo VI. EL TEMPLE, EL GRIAL Y EL TAROT . . 174
El Grial y sus adalides 175
Los guardianes del Grial 177
Un prodigioso tesoro 179
El sagrado Principio Femenino 180
Las claves del Tarot 182
Cuatro Arcanos para el Temple 184

Capítulo VII. EL SECRETO DEL BAFOMET 186
¿Figura demoníaca o síntesis hermética? 186
El bafomet y la cabeza del Bautista 188
El mito de las cabezas cortadas 190
Los poderes del bafomet 192

Capítulo VIII. EL TEMPLE Y LA MEDIA LUNA 195
Tolerar más, combatir menos 196
El desastroso orgullo de los francos 198
Incomprensiones e intolerancias 199
Un espíritu de alianzas 201
Sombras sobre dos Grandes Maestres 205
«El nido de las águilas» 207
Sayo blanco, cíngulo rojo 209
Cruzados, templarios y la secta de los Asesinos 211
¿Un Grial común? 213

Capítulo IX. SE INICIA EL DECLIVE 216
Primeros reveses 216
Planes para una alianza imposible 218

ÍNDICE 13

Nota del autor

(Con el deseo de que el lector no la pase por alto)

L A obra que tiene en sus manos, amable lector, solo pretende establecer una serie de hipótesis, de interrogantes, de indagación de ciertos hechos históricos sobre un tema tan sugerente como la posible visión que de la figura de Jesús tuvo una institución tan poderosa como la Orden del Temple. Al escribir estas páginas, jamás me propuse establecer nuevas teorías sobre el tema, por muy enmascaradas que pudieran estar. Lo contrario, teniendo en cuenta las ya existentes, hubiera resultado bastante atrevido.

Soy también plenamente consciente de que el contenido de la primera parte de este libro puede constituir un desafío a la visión convencional y ortodoxa que se tiene de la figura de Jesús de Nazaret. Es posible, incluso, que no pocas de las afirmaciones y teorías expuestas a lo largo de estas páginas lleguen a crear parcelas de desconcierto en aquellas mentes que han visto exclusivamente la figura de Jesús bajo el prisma de los textos evangélicos de corte canónico. Ante tal posibilidad, debo decir que esa figura merece por mi parte todo el respeto y la admiración de un ser de su dimensión histórica.

No obstante, también se me hace imperioso afirmar —en honor de una irrenunciable honestidad— que una investigación abierta, libre y realizada al margen de cualquier encuadre sometido al dogma cristiano adquiere una dimensión y unas características absolutamente distintas de las establecidas dogmática y convencionalmente por la Iglesia. Tengamos bien presente que los Evangelios son textos canónicos y de valor irrefutable para la religión cristiana, pero su contenido no ofrece rigor histórico. La intención reivindicadora de la figura de Jesús como Mesías y Salvador del mundo, fundamentada en los hechos narrados en los Evangelios de Mateo, Marcos, Lucas y Juan, y objetivo único de la redacción de sus escritos, es de todo punto encomiable y plenamente comprensible, pero carece de uno de los elementos básicos que toda obra de carácter biográfico ha de tener para poder ser considerada veraz: la posibilidad de constatación de los hechos en ella narrados.

Por todo ello, recomendaría al amable lector que trate de leer estas páginas con la misma actitud y apertura de mente con que fueron escritas, porque jamás se ha podido llevar a cabo una verdadera investigación basándola en limitaciones y prejuicios. La verdad no tiene fronteras.

Hechas estas salvedades, hemos de reconocer que la figura de Jesús de Nazaret es, sin duda, una de las que arrojan mayor número de interrogantes. Unos interrogantes que se han prestado a lo largo de la Historia a todo tipo de interpretaciones. Las circunstancias de su nacimiento, la oscuridad que envuelve su infancia y juventud, su entorno familiar y, sobre todo, los acontecimientos que tienen lugar en sus últimos días —por no mencionar muchas de las manifestaciones contenidas en su mensaje—, están envueltas y hasta protegidas por el velo de la imprecisión y del enigma. ¿Quién fue en realidad Jesús? ¿Cuál fue su auténtico linaje? ¿Qué pretendía transmitir con su mensaje? ¿Cuáles fueron sus verdaderos «poderes»? ¿Qué sabían los templarios y otras órdenes —ya fueran secretas o discretas— acerca de su auténtica personalidad? Una vez que se estudia la figura de Jesús, liberándola de las ataduras y constricciones del dogma religioso, las preguntas que se pueden formular sobre su persona son innumerables y fascinantes.

En la Primera Parte de este libro expondré las investigaciones más sugestivas que se han realizado hasta el momento sobre nuestro personaje y los múltiples interrogantes que rodean su figura. En la Segunda Parte revisaré los fundamentos y características más preeminentes de una orden tan carismática y señera como fue la del Temple, incidiendo sobre algunos de los numerosos enigmas que la rodean, y la interpretación que pudo hacer de la figura de Jesús. No pretendo tomar partido por una u otra teoría, ni considero esta más verosímil que aquella. Me he limitado en este libro a exponerle a usted, amigo lector, una gama de conexiones, relaciones y posibles aclaraciones de lo que concierne tanto a la figura de Jesús —de acuerdo con el trabajo hecho por investigadores de la más variada ideología—, como al movimiento templario. He considerado que tal procedimiento pudiera resultar el más adecuado para que, una vez concluida la lectura de estas páginas, sea usted quien establezca sus propias conclusiones.

En el prólogo de alguna de mis obras he dicho —tal vez con cierta machaconería— que los acontecimientos históricos, de la misma forma que sucede con los comportamientos personales, ofrecen múltiples interpretaciones; y algunas de ellas resultan tan sorprendentes que se nos hace muy difícil aceptarlas. Lo previsible da paso a lo inverosímil; lo acertado a lo perverso; lo razonable a lo monstruoso. Porque hemos de tener presente que los caminos de la Historia no se han trazado exclusivamente —aunque muchos quieran creerlo así— con el teodolito de la lógica, sino, en gran medida, con el compás de lo irracional. Por mi parte, como escritor interesado en la Otra Realidad, no puedo descartar *a priori* ninguna teoría por más sorprendente que parezca, siempre que haya sido trabajada con esmero y en profundidad.

El tema tratado en estas páginas es de tal envergadura e interés, que las obras dedicadas a los entresijos de la poderosa —y enigmática— Orden del Temple son innumerables. A los trabajos e investigaciones de respetables historiadores hay que sumar las abundantes obras que tratan el tema dejándose llevar por meras especulaciones o por llamativas, aunque muy comerciales, arbitrariedades. El Temple y sus numerosas incógnitas han constituido siempre un filón inagotable que sirvieron y sirven para estimular mentes poco exigentes.

Teniendo en cuenta lo dicho, se entenderá que no es tarea fácil encontrar alguna parcela nueva que se refiera a esta materia. Por tal motivo, mi trabajo en este libro ha tenido que limitarse a hallar posibles conexiones, probables contactos, previsibles relaciones entre hechos que pudieron tener, o no, la categoría de históricos. Es usted, amigo lector —y en esto quisiera poner todo el énfasis—, el que ha de extraer de estas páginas sus propias conclusiones, incluso de crear sus personales hipótesiss, realizando de este modo un trabajo no solo de mero expectador sino de actor laborioso. A este respecto quisiera hacer una advertencia: no me ha parecido oportuno abrumarlo a lo largo del texto con citas, nombres, acotaciones y referencias de autores y obras consultadas. Me he limitado a mencionar las más imprescindibles. De este modo, la bibliografía que figura al final de la obra constituirá la referencia y soporte más sólidos de las afirmaciones y comentarios manifestados en el texto.

Solo me resta desear que el contenido de estas páginas pueda ofrecerle alguna nueva perspectiva sobre un tema tan controvertido como es la figura de Jesús, y la interpretación que de ella pudieron hacer los templarios en una época crucial de la Historia. Si a esto añadimos, amable lector, el logro de que su lectura le resulte grata, se habrán cumplido mis mejores expectativas.

El Escorial, septiembre de 2005

PRIMERA PARTE

CAPÍTULO I

El maestro Jesús

Me complace que haya en la Historia alguien que explique lo que sucede; y que indique dónde se debe mirar; o que, con gesto severo, señale adónde no debe acercarse; como si ciertas cosas debieran permanecer en el secreto.

LEÓN BAUTISTA ALBERTI

HACE aproximadamente unos sesenta años, un pastor beduino de Israel que vigilaba su escaso rebaño de cabras encontró de forma enteramente casual —se dijo que mientras buscaba a uno de sus perdidos animales— unas extrañas vasijas de barro medio ocultas en el interior de las cuevas existentes en el monte Qumrán, promontorio que se halla no lejos de la histórica ciudad de Jericó.

Jericó, en el valle del río Jordán, es una pequeña población de Cisjordania situada en el extremo norte del mar Muerto, que cuenta actualmente con poco más de 13.000 habitantes. Pero, al mismo tiempo, es uno de los emplazamientos urbanos más antiguos del planeta. En las excavaciones efectuadas sobre el lugar se han llegado a descubrir asentamientos que datan del IX milenio a. de C., época en la que ya albergaba a más de mil quinientas personas y poseía una estructura defensiva de importancia. Jericó fue al mismo tiempo una de las poblaciones más emblemáticas del antiguo reino de Israel. Conquistada por Josué, de forma un tanto milagrosa según cuenta la Biblia, constituyó uno de los grandes triunfos de los primeros israelitas en su camino hacia la Tierra Prometida.

Las vasijas encontradas en la cueva aparentaban una gran antigüedad y contenían manuscritos y documentos escritos en hebreo y arameo, la lengua que hablaba Jesús. Como suele suceder en estos casos, al principio no se concedió gran importancia al hallazgo, pero eso no impidió que los comentarios al respecto llegaran a oídos de personas interesadas. De este precioso tesoro pronto se hizo cargo un equipo de arqueólogos que continuó las excavaciones, no solamente en la montaña de Qumrán sino en las cuevas existentes en otras localidades vecinas.

Para satisfacción de los científicos, el número de vasijas selladas en cuyo interior se encontraron más rollos de manuscritos se vio notablemente incrementado. Aquella documentación hacía referencia a un periodo histórico de Palestina que abarcaba prácticamente la totalidad de los tres siglos anteriores a nuestra era. La índole de aquellos textos, esencialmente religiosos, aunque con acotaciones políticas y hasta psicológicas, revelaba la existencia de una sociedad que se había preocupado por permanecer cuidadosamente en la sombra hasta entonces. Aquel descubrimiento trascendental iba a conmocionar en gran medida los contenidos del Antiguo Testamento y, por extensión, los del Nuevo. Los llamados a partir de entonces *Rollos del Mar Muerto* habían hecho de la forma más inesperada su aparición en la Historia.

Dos años antes de este sensacional hallazgo, y de forma igualmente casual, había tenido lugar otro trascendental descubrimiento arqueológico, esta vez en tierras egipcias. Una fría mañana de diciembre de 1945, un campesino que se encontraba trabajando un pequeño huerto en la falda de la montaña de Hamra Dum, a unas cuantas millas de la localidad de Nag Hammadi, a orillas del Nilo, se topó con una vasija de barro herméticamente sellada cuyo interior guardaba una serie de rollos de pergamino. Las particularidades de este hallazgo se conocen muy bien, pues bastantes años más tarde el mismo campesino descubridor de los rollos se las relató a un investigador de la Universidad de Utrecht que estaba haciendo, precisamente en aquel lugar, un reportaje sobre las circunstancias del descubrimiento.

Como dato curioso, diremos que la vida de aquel sencillo aldeano, que desde el primer momento no concedió importancia alguna a su descubrimiento, estuvo marcada por dramáticas venganzas y sangrientos acontecimientos que valdría la pena comentar si nos lo permitiera la extensión de esta obra. Volviendo a nuestro tema, digamos que muy pronto se iba a comprobar que el contenido de estos manuscritos, al igual que los hallados posteriormente en las orillas del mar Muerto, poseía tal valor que modificaría muchas de las ideas que se tenían anteriormente sobre la figura de Jesús, de su pensamiento y de su circunstancia histórica, creando una auténtica revolución en torno a su persona.

Los soprendentes textos de Nag Hammadi

Los textos encontrados en Nag Hammadi estaban en copto, una lengua utilizada por los primeros cristianos egipcios —el término «copto», que procede de la voz árabe *qibt*, significa «egipcio»—, si bien los investigadores comprobaron sin demasiado esfuerzo que los escritos procedían de otros textos griegos de mayor antigüedad.

El conjunto de lo hallado comprendía unos trece códices, algunos de los cuales parecían incompletos. Entre los textos más significativos se encontraban *El apócrifo de Santiago*, *El Evangelio de la Verdad*, *El Evangelio de Tomás*, *El Evangelio de Felipe*, *El Apócrifo de Juan* en distintas copias, *Los hechos de Pedro y los doce apóstoles* y *El Apocalipsis de Pedro*. Además de los mencionados, el descubrimiento de Nag Hammadi incluía una serie de textos que, al igual que los anteriores, estaban impregnados de un claro contenido gnóstico.

Lo que allí se decía arrojaba una luz nueva y distinta sobre algunas afirmaciones hechas en la Biblia. El Jesús que habla y al que se refieren los autores de los Evangelios apócrifos tiene una dimensión absolutamente diferente de la que podemos conocer a través de los Evangelios canónicos. «Gnosis», no lo olvidemos, significa «conocimiento»; y el conocimiento que se muestra en estos textos es el logrado por una mente extraordinaria. El significado de ciertas palabras que aparecen en los textos también es diferente del corrientemente admitido. Así, por ejemplo, el término «leproso» no siempre hacía referencia al que padecía esa enfermedad, sino más bien a un grado de ignorancia y desconocimiento de los principios religiosos que tenía el sujeto. El adjetivo «pobre» tampoco tenía que ver con carencias monetarias. En lo referente a hechos bíblicos, aparecían notables variaciones. Sodoma y Gomorra, las ciudades de la Pentápolis situadas al sur del mar Muerto, no eran núcleos de vicio y perversión merecedoras del castigo divino, sino centros de gran sabiduría y de conocimientos muy raros para la época. Pero lo que resulta todavía más interesante son las versiones que, aparentemente, hacía el propio Jesús de algunos acontecimientos de su vida, y de las relaciones que mantuvo con personas de su entorno. Se trataba, pues, de una especie de sorprendentes textos cuyo contenido hermético influiría en su momento sobre el pensamiento esotérico de los templarios. Estos, muy probablemente, habrían llegado a su conocimiento a través de vías muy plurales, como veremos en su momento.

¿Cómo se interpreta la personalidad de Jesús?

Tres son las visiones, muy bien definidas y en buena medida contrapuestas, que se han tenido a lo largo de la Historia sobre la naturaleza de Jesús, y prácticamente a ellas pertenecen todos los estudios realizados sobre su figura. Ciertos investigadores las han catalogado de la siguiente manera:

La primera, que podría denominarse «visión sobrenatural», contempla la figura de Jesús como «Hijo de Dios», como

Salvador y Mesías. En sus filas militan las diferentes corrientes religiosas o iglesias cristianas, tanto de Occidente como de Oriente. Los integrantes de esta visión sobrenatural creen firmemente que Jesús es la Tercera Persona de una Trinidad Divina que decidió encarnarse para lograr la redención de la humanidad. En su dimensión corporal vivió, predicó su mensaje salvador, fue crucificado, resucitó de entre los muertos y ascendió a los cielos.

La segunda de estas corrientes interpretativas podría denominarse «visión naturalista». Para los que se adhieren a ella, Jesús fue un ser de naturaleza totalmente humana en el que no existían componentes sobrenaturales o divinos, si bien lo consideran dueño de una singular personalidad carismática. Dentro de los seguidores de esta corriente de pensamiento hay una facción que ve a Jesús como una figura revolucionaria dentro del campo de la política independentista judía, posiblemente como uno de los jefes del movimiento zelote. Otros, por el contrario, lo creen un personaje de corte místico, perteneciente al movimiento religioso de los esenios, secta hebraica de la que hablaremos en su momento. Para los seguidores de esta corriente, Jesús sería un «Maestro de Luz», un hombre poseedor de una ética profunda que trató de propagar un mensaje evangelizador para la elevación del ser humano. Incluso hay una tercera facción que une en la figura del Maestro las dos características de zelote y esenio. Conviene decir que estas tres corrientes —los que lo consideran un jefe zelote, los que ven en él a un distinguido esenio y los que lo consideran una mezcla de ambos— lo tienen por una figura sobresaliente y merecedora de elevada estima.

Por último, la tercera corriente interpretativa ve en Jesús a un personaje simbólico, fusión de múltiples añadidos místico-religiosos-legendarios. Esta corriente podría denominarse «visión mítica». Para los que la consideran válida, Jesús no es más que un concepto, una especie de catalizador vago e impersonal de una mezcla de distintas creencias religiosas que bien podrían incluir a la Gnosis, los cultos mitraicos y otros movimientos esotéricos de corte místico. En este caso, Jesús sería más que un personaje real, un elemento mítico, un ideal.

En esta obra vamos a estudiar preferentemente la figura de Jesús dentro de la segunda de estas corrientes interpretativas, ya que es así como mejor nos podemos acercar a la visión que de él tuvieron los templarios. Al menos en lo que siempre se ha entendido como la *Regla Secreta de la Orden*.

¿Qué decían de Jesús los historiadores romanos?

Resulta bastante arduo encontrar una cita sobre Jesús que merezca la pena en los historiadores romanos de los siglos I y II. Los motivos de tal carencia informativa son fácilmente explicables si tenemos en cuenta dos puntos capitales.

El primero y más significativo es que las traducciones de los historiadores clásicos se llevaron a cabo exclusivamente en los *scriptorium* de los monasterios cristianos de la Edad Media. Allí se revisaban, inspeccionaban y sometían a juicio los escritos que convenía traducir y los que no eran dignos de pasar a la posteridad. Naturalmente, se realizaban también las convenientes «purgas» de aquellos fragmentos de los textos, ya fueran griegos o romanos, que no debían conocerse, a fin de preservar la «buena marcha» de la moral cristiana. Y cuando el caso lo requería, los escribas incluían aquellos comentarios e interpolaciones que consideraban necesarios para preservar el dogma.

El segundo motivo es que la figura de Jesús no levantó mucho interés en los historiadores clásicos. Palestina era una provincia muy lejana y bastante pobre del Imperio. Lo único que florecía allí eran esporádicas revueltas que, por lo demás, siempre terminaban sofocándose sin grandes problemas; porque el carácter individualista de los judíos se prestaba a divisiones y enfrentamientos internos que facilitaba la labor aplacadora del ocupante. En tiempos de Augusto y de Tiberio, los grandes escritores romanos tenían cosas muchos más importantes que hacer que preocuparse de los cotilleos que pudieran producirse entre los sediciosos hebreos.

No obstante, hay algunos historiadores que mencionan, si bien muy de pasada, la figura de Jesús. Entre ellos el más significativo es Josefo, nacido en Jerusalén en el año 37 ó 38 de nuestra era. Perteneciente a una rica familia sacerdotal, participó en los levantamientos de los judíos contra Roma. En el 67 fue hecho prisionero por el emperador Vespasiano, quien lo trató con benevolencia y terminó liberándolo. En agradecimiento, adoptó el nombre de Flavio, como el del emperador que tan bondadosamente se había portado con él. Posteriormente, estuvo en Palestina con Tito y fue testigo ocular de la represión que tuvo lugar tras la rebelión y toma de Jerusalén. Después de este dramático episodio acompañó a Tito a Roma, ciudad en la que vivió hasta su muerte, acaecida en torno al año 100. Su actividad literaria tuvo como objetivo dar a conocer la realidad de su pueblo tanto en el mundo griego como en el romano, muy adversos ambos al hebreo.

Entre las obras históricas de Flavio Josefo se encuentra la *Guerra judía*, un texto que abarca nada menos que siete libros y que fue escrito primero en arameo y después en griego. En esta obra el autor narra, en ocasiones con notable detalle, pues fue un buen conocedor de los hechos, las revueltas y sublevaciones que tuvieron lugar en Palestina. Mayor importancia tiene otra obra suya, *Antigüedades judaicas*, que comprende veinte libros y está escrita en griego. En ella, Flavio Josefo cuenta la historia del pueblo judío desde sus aparentes orígenes hasta el momento de la rebelión contra Roma, utilizando unas fuentes que hoy se encuentran desaparecidas. Los manuscritos que se poseen de sus obras pertenecen a los siglos IX y XII. Solo en uno de ellos se incluye un pasaje en el que se menciona a Jesús, pero sin concederle demasiada importancia. En todo caso, Josefo es el autor de referencia al que inevitablemente hay que remitirse.

Tácito, el Cornelio Tácito que vivió entre los años 55 y 120 de nuestra era, es otro nombre que no puede ignorarse.

Residió gran parte de su vida en Roma, logrando introducirse muy pronto en las altas esferas de la sociedad imperial. El emperador Vespasiano le concedió la dignidad de senador, lo que le permitió participar activamente en la vida política, llegando a ser cónsul con poco más de cuarenta años. Sin embargo, Tácito abandonó la política para dedicarse plenamente a su labor como historiador. Entre sus obras hay que destacar los *Anales* e *Historias,* en las que pueden encontrarse algunas referencias a la existencia de Jesús. Pero al igual que sucede con Flavio Josefo, los manuscritos que se poseen de sus obras son de los siglos IX y posteriores, se muestran muy incompletos y en ellos se advierte un buen número de interpolaciones hechas por los amanuenses, lo que resta verosimilitud a lo que pueda decirse sobre Jesús.

Como podemos observar, las referencias concretas que los grandes historiadores paganos hacen sobre el Maestro son muy escasas y en ocasiones poco fiables. Pero ¿y los Evangelios? ¿No nos dan estos textos canónicos una visión completa y veraz de la figura de Jesús? Pues a este respecto hay que decir algo que no es baladí.

Se supone que los cuatro Evangelios fueron redactados por Lucas, Mateo, Marcos y Juan entre los años 50 y 100 de nuestra era. El gran problema radica en que, según las últimas investigaciones, los manuscritos de esas obras *pertenecen al siglo IV*; es decir, pasaron trescientos años entre su redacción y la posesión de los manuscritos completos. Mucho tiempo, demasiado tal vez. En esos trescientos años, conociendo la fiebre doctrinal que embargaba a los amanuenses, muy bien se pudieron manipular los textos. Y nada tendría de particular que los templarios, cuyas fuentes de información sobre estos temas debieron ser muchas y muy variadas, conocieran estas manipulaciones.

CAPÍTULO II

Los secretos del Nuevo Testamento

A raíz de los hallazgos de Qumrán sale a plena luz la existencia de una secta religiosa judía de la que apenas se tenía noticia y que va a desempeñar un destacado papel en nuestra historia: los esenios.

Durante los siglos II y I antes de nuestra era se fue consolidando, en lugares apartados del noroeste del mar Muerto, una comunidad que trata de mantener una forma de vida de gran pureza y que procura evitar que se alteren los contenidos de la Tradición. Sus orígenes hay que buscarlos en aquella facción del pueblo judío, los «puros», o *hasidim,* que abandonaron Jerusalén cuando juzgaron que las autoridades no estaban respetando la Ley. Ellos son los esenios, los que no quieren ser corrompidos.

No obstante, es necesario decir que esa forma de vida, esa filosofía, viene de más atrás y de más lejos. Como veremos en el transcurso de estas páginas, las religiones de Oriente Medio, especialmente los cultos originados en la antigua Persia, impregnaron de forma radical las corrientes místico-religiosas de la cuenca mediterránea oriental durante cientos de años. Y como también podremos comprobar, los templarios no estuvieron al margen de influencias tan determinantes. Pero no adelantemos acontecimientos y sigamos, de momento, en compañía de esta comunidad judía que rechaza una ortodoxia que considera degradada.

De este modo, en lo más profundo de las cuevas de Qumrán los esenios van creando su parcela no contaminada, al margen de aquel otro mundo dominado por el judaísmo más convencional y por la posterior dominación romana. Gracias a las excavaciones arqueológicas realizadas a mediados del siglo pasado podemos conocer la importancia que los esenios concedían a la palabra escrita y a una formación cultural y religiosa estrictas, si bien no fanáticas. Su forma de vida era plenamente consecuente con sus creencias: compartían cuanto tenían, se cuidaban unos a otros, se preocupaban por mantenerse física y mentalmente limpios, y no mostraban el menor interés por acumular bienes materiales.

Un autor del prestigio de Plinio el Viejo, cuya erudición lo llevó a ser consejero de Vespasiano —aquel emperador que tanto protegió y tan bien fue correspondido por Flavio Josefo— y posteriormente de Tito, llegó a conocer a los esenios en sus repetidos y bien documentados viajes por el Oriente Próximo. De ellos decía que formaban una comunidad que se desinteresaba por el amor, las mujeres y los bienes materiales. Plinio, hombre de notable inteligencia, parece que sintió un profundo respeto por esta comunidad que despreciaba tan olímpicamente unos valores muy cotizados en el Imperio.

Los esenios creían ser los verdaderos seguidores de Dios, y sus sacerdotes se consideraban los auténticos descendientes del Gran Sacerdote del tiempo de David. El hecho de que creyeran que el final del mundo no estaba lejos favorecía su disposición a mantenerse en un estado de notable pureza.

Sin duda, una de sus peculiaridades más significativas era la técnica que utilizaban para codificar sus escritos. Consistía básicamente en interpretar los hechos del Antiguo Testamento relacionándolos con la época en que vivían. Se trataba de una transposición histórica del mayor interés, porque dotaba de valor y sentido a cuanto sucedía en su entorno. De igual modo, solían utilizar fórmulas alegóricas en sus textos evangélicos, como la clásica de «aquellos que tengan oídos para oír, que oigan», que encontraremos más tarde en los Evangelios, dicha por Jesús y repetida por sus apóstoles.

Estos códigos secretos de los esenios servían para informar a sus seguidores —que conocían muy bien las claves utilizadas— de la realidad política y social, tanto de la pasada como de la presente, bajo la apariencia de simples mensajes evangélicos. Gracias a este ingenioso sistema, los escritos nunca podrían ser considerados como apologías revolucionarias si alguna vez caían en manos enemigas. Más adelante veremos cómo muchos de los términos que encontramos en los Evangelios y que desde siempre se han interpretado en su sentido literal, tenían significados completamente distintos.

El *Apocalipsis* esenio

Retomemos por un momento a nuestro ya citado Flavio Josefo. Como dijimos, el historiador judío, afincado posteriormente en Roma y buen protegido del emperador Vepasiano, conocía a la perfección la realidad de su país de origen. Siendo también, y sin duda alguna, la figura intelectual judía más importante de su tiempo, tampoco podía ignorar la existencia de sus coetáneos esenios, una comunidad que si bien se había automarginado del mundo oficial hebraico, no pasaba desapercibida en absoluto.

En una de sus obras más atractivas y mejor documentadas, las *Antigüedades judaicas*, compuesta por veinte libros escritos en griego, Flavio Josefo nos habla también y con cierto respeto de los esenios. Nos dice, entre otras cosas, que eran muy hábiles en medicina y grandes conocedores de la herboristería terapéutica. Un punto sobre el que se extiende y que hizo concebir a algunos investigadores la teoría de que el término «esenio» pudiera hacer referencia a la habilidad que tenía aquella gente para curar, ya que en arameo se llama *asayya* al médico o curandero, y en griego el parecido entre las dos palabras es aún mayor: *essenoi*. Comenta también el historiador que los esenios manifestaban un gran interés por los escritos antiguos, especialmente por aquellos que tenían un carácter espiritual. Y un punto a destacar: en esta comunidad, o secta, hay individuos muy versados en hacer predicciones, «en las que raramente suelen equivocarse».

De lo que apenas nos hablan Plinio ni Flavio Josefo es de una creencia esenia que nos parece capital por su contenido místico-religioso y por la repercusión que pudo tener en otra secta muy posterior cronológicamente y que fue muy bien conocida de los templarios. Nos estamos refiriendo a los cátaros o albigenses, a los que inevitablemente hemos de mencionar *in extenso* en la Segunda Parte de esta obra.

Siguiendo su habitual línea críptica en la que los textos no significaban lo que aparentaban decir, los esenios exponen en uno de sus manuscritos más importantes, el *Rollo de la Guerra* —obra que guarda cierto paralelismo con el *Arte de la Guerra*, del maestro taoísta chino Sun Tzu—, su visión de un pasaje dramático que, posteriormente, volveremos a encontrar en el Apocalipsis de Juan: la terrible batalla final que han de sostener las fuerzas del bien contra las del mal; un enfrentamiento colosal que tendrá lugar en las llanuras de Armagedón.

El Apocalipsis continúa siendo un libro enigmático y, por consiguiente, susceptible de múltiples interpretaciones. No se ha establecido un acuerdo sobre quién pudo ser su autor. A las primeras afirmaciones de que era obra de San Juan Evangelista —del que también se dudaba que pudiera ser el mismo personaje que el apóstol tan amado por Jesús— han seguido investigaciones más recientes que confieren su autoría a un posible discípulo del autor del cuarto de los Evangelios. Sea como fuere, los paralelismos entre algunos pasajes del Apocalipsis y el texto esenio son tan notables que se cree posible que Juan conociera bien esa comunidad y a ella dirigiera en parte sus palabras. Incluso hay autores que lo hacen miembro de esa apartada comunidad. Pero volvamos al combate decisivo del que se habla en el texto.

Armagedón es el nombre que la Iglesia cristiana ha dado a una región palestina de raigambre histórica: las llanuras de Har Megiddo, que se hallan en la parte meridional de las montañas de Judea. Estas llanuras fueron lugar de importantes enfrentamientos en el transcurso de la historia del pueblo judío, y se encontraban protegidas por numerosas fortalezas de considerable antigüedad. El combate —¿simbólico o real?— que tendría lugar en esas planicies entre «las fuerzas de la Luz» (es decir, el pueblo judío) y las «fuerzas de las Tinieblas» (las legiones de Roma) concluiría con el triunfo definitivo de las primeras.

Como en muchas otras ocasiones, el hecho de lo que para los esenios era una lucha abierta contra los que trataban de destruir sus creencias —tanto si eran las fuerzas de ocupación romanas, como los estamentos judíos colaboracionistas—, la Iglesia católica lo deformó convirtiéndolo en un enfrentamiento de ámbito universal entre sus seguidores y todos cuantos no profesaran su fe.

Más preguntas sin respuesta

El Apocalipsis encierra tantos interrogantes que constituye uno de los libros más emblemáticos a la hora de estudiar tres elementos sustanciales de la presente historia: la figura carismática de Juan el Bautista, la comunidad esenia y el propio Jesús.

Ya hemos dicho que la versión oficial mantenida por la Iglesia es que el libro fue escrito por San Juan —sin saber con certeza si se trataba del auténtico evangelista o de un desconocido discípulo suyo— en la isla griega de Patmos, a finales del siglo I. Ahora bien, si esto es así, cabe preguntarse cómo es posible que no mencione en su obra elementos tan importantes como los doce apóstoles, la jefatura de Pedro como cabeza de la Iglesia, la existencia de los cuatro Evangelios —de uno de los cuales se le supone autor— y de una serie de puntos demasiado relevantes como para omitirlos. El hecho de que el texto fuera concebido como una obra profética y de carácter visionario no justifica tales omisiones. La crítica moderna considera que, teniendo en cuenta el estilo, el lenguaje y el pensamiento, el cuarto de los Evangelios y el Apocalipsis pertenecen a distintos autores, si bien la concepción simbólica y la forma en que se desarrollan las dos obras tienen elementos comunes.

Pero todavía hay más. Las visiones de Juan adolecen de fallos cronológicos garrafales como, por ejemplo, los que se refieren a la futura destrucción por el fuego de Babilonia (es decir, Roma), cuando tal destrucción ya había tenido lugar debido al incendio del año 64. Lo mismo sucede con la ruina de Jerusalén, a la que se refiere en tiempo futuro. Por lo demás, no hay que olvidar la frase consagrada de los esenios «*aquellos que tengan oídos para oír, que oigan*» que el autor del Apocalipsis repite insistentemente en sus cartas a las diferentes iglesias, y que, no lo olvidemos, también la empleaba Jesús en muchas de sus advertencias.

Nada tiene, pues, de extraño que algunos investigadores —a pesar de reconocer que existe una misma forma de pensamiento simbólico en el cuarto de los Evangelios y en el Apocalipsis— hayan llegado a la conclusión de que el verdadero autor de esta última obra fue Juan, sí, pero no el Evangelista, sino el Bautista. O que, muy probablemente, fuera escrito por algún discípulo del primero. Un hecho de esta envergadura tendría notables repercusiones a la hora de analizar la posible impronta que los esenios pudieron tener sobre movimientos religiosos muy posteriores como los cátaros, o sobre órdenes monástico-guerreras como la del Temple. Pero analicemos ahora una figura singular, y asimismo misteriosa, que jugó un papel determinante en el universo esenio.

El Maestro de la Verdad

Al estudiar detenidamente los llamados manuscritos del mar Muerto se descubrió la importancia que tenía en la comunidad esenia una figura carismática de gran relieve, a la que se respetaba sobremanera y a la que no se daba nombre concreto alguno. La carencia de este dato ha impedido a los investigadores situar dicha figura en un contexto histórico determinado. El anonimato y el misterio que la envuelven no impide, sin embargo, que veamos en ella a un personaje insigne tanto por sus características espirituales y morales como por su capacidad de liderazgo.

Tengamos presente que los esenios constituían una comunidad cerrada y muy celosa de su propia singularidad. Sus escritos están llenos de claves; unas claves que nos hacen pensar que los secretos que pudieran custodiar eran de enorme importancia y debían vigilarse constantemente. Siendo así, nada tiene de particular que se cuidasen al máximo de identificar a este personaje singular, al que se refieren llamándolo respetuosamente «Maestro de la Verdad».

Pese a los múltiples velos que preservan la figura de este Maestro y que impiden identificarla históricamente, se ha llegado a la conclusión de que era judío y que muy probablemente perteneciese al colegio sacerdotal de los levitas. Lo que realmente se puede deducir de su persona es su ya mencionada categoría moral y espiritual, características que quedan muy bien explicitadas en los textos hallados.

Algunos investigadores han coincidido en señalar que este Maestro insigne pudiera haber vivido en el siglo II antes de nuestra era, con lo que sería coetáneo de un gran líder político y militar de los judíos de quien hablaremos más adelante: Judas Macabeo. El ya mencionado Flavio Josefo, que conoció directamente a los esenios, escribió en una de sus obras, la *Guerra judía*, que el nombre de este Maestro de la Verdad, conocido también como «Legislador», era tan sagrado que no se podía mencionar su nombre de modo irrespetuoso so pena de ser condenado a muerte.

Muchos son los interrogantes que podemos formularnos sobre la identidad de este singular personaje, pero se ha de tener muy presente que durante los primeros tiempos del cristianismo se consideró por parte de amplios sectores de fieles que este Maestro era el propio Jesús, puesto que se daban muchos paralelismos en las vidas de ambos. Tendremos ocasión, más adelante, de volver sobre este tema.

CAPÍTULO III

El enigmático carpintero de Nazaret

Entre los llamados «Evangelios apócrifos» nos encontramos con una curiosa *Historia de José el carpintero*. Como en tantas otras obras pertenecientes a esta rama del cristianismo oriental, está presente aquí la ingenuidad y cierta belleza plástica características de su literatura. Pero pese al contenido legendario de sus historias, al que son tan proclives los autores coptos, siempre hay en ellas un fondo de indiscutible realismo. En ella Jesús relata a sus discípulos la historia de su padre carnal: «Había un hombre llamado José, instruido en las Escrituras y sacerdote del Templo. Tenía el oficio de carpintero y, llegado a una edad conveniente, se casó. Y tuvo de su mujer diversos hijos e hijas». Sigue diciendo el texto que los nombres de los hijos habidos en este matrimonio fueron Judas, Justo, Santiago y Simón; las hijas se llamaron Asia y Lidia. Pero la esposa de José —una santa mujer que tenía presente a Dios en todas sus acciones— murió. Viudo, contrajo más tarde nuevo matrimonio con María, madre de Jesús, que tenía por entonces doce años.

La *Historia de José el carpintero* continúa refiriendo con notable ingenuidad fragmentos de la vida de Jesús al lado de su padre, hasta que la muerte se lleva a este «a la edad de ciento once años».

Cabe preguntarse cómo es posible que siendo José, según el dogma cristiano apoyado por los Evangelios canónicos, nada menos que el padre carnal de Jesús, a cuyo lado este pasó largos años de su vida, se nos muestre en las Escrituras como un ser casi secundario, sin el menor relieve, que apenas si aparece en contados pasajes, y del que incluso un atento lector le resultaría muy difícil establecer el perfil más elemental. Surge en un momento dado, cumple un papel aparentemente convencional y desaparece de escena sin que se nos diga qué ha sido de él. Nada tiene, pues, de particular que tratemos de estudiar en estas líneas, aunque sea de pasada, la figura de este ser misterioso, evanescente, aparentemente irrelevante y, sin embargo, tan decisivo en la vida de Jesús.

Para empezar, los evangelistas no se ponen de acuerdo en la acendencia de José. Para Mateo, por ejemplo, José fue engendrado por Jacob; para Lucas, es descendiente de Helí. Por otro lado, el árbol genealógico de Jesús es bastante diferente según lo especifican estos dos evangelistas. Pero como suele suceder en estos casos, ya aparecerán siglos más tarde exégetas de prestigio, como Eusebio de Cesarea, por poner un ejemplo, que, ante estas diferencias y contradiciones palpables, establecerán hipótesis que no pueden mantenerse en pie si uno les pide un mínimo de rigor. Este Eusebio de Cesarea, del que vale la pena hacer una breve mención, por ser un escritor erudito y de prestigio, vivió a caballo entre los siglos III y IV y escribió una estimable *Historia eclesiástica* nada menos que en diez libros, en la que da al lector una amplia información de los hechos acaecidos durante los tres primeros siglos del cristianismo. Pues bien, el de Cesarea no pudo por menos de darse cuenta de estas contradicciones sobre la genealogía de José, y por tanto la del propio Jesús, y recomendaba que, «fuera como fuese», el Evangelio era la verdad exclusiva.

Por tanto, ¿quién era este misterioso José «padre carnal» del Maestro? ¿Una figura más o menos decorativa, puesta en el relato evangélico para dar consistencia a la «Sagrada Familia»? ¿Un padre adoptivo? ¿El verdadero padre de Jesús? La respuesta verdadera, como sucede en tantos otros puntos de la vida de Jesús, tal vez no llegue a aclararse jamás. Sabemos, eso sí, que José el carpintero tenía un hermano, Clopás o Cleofás, casado con una María, porque el ya citado Eusebio de Cesarea nos lo asegura. Este Cleofás sería por tanto tío carnal de Jesús. En su Evangelio, San Juan afirma que en el momento de la crucifixión de Jesús, y al pie de la cruz —o, cuando menos, cerca de ella—, se encontraba su madre y la hermana de esta, María, esposa de Cleofás. Esta María, que no debemos confundir con la María Magdalena, de la que hablaremos con amplitud más adelante, es precisamente su tía; una de «las santas mujeres» que contemplaban desoladas el sacrificio de Jesús.

Es muy posible que este José carpintero del linaje de David, según se nos dice repetidamente en los textos canónicos, fuera viudo cuando se casó con María y tuviera hijos de ese primer matrimonio. De lo que no parece haber muchas dudas es de que tuviese más descendencia después del nacimiento de Jesús; estos serían, pues, «los hermanos de Jesús» de los que se habla por igual tanto en los textos canónicos como en los apócrifos.

Macabeos y galileos

Antes de seguir extendiéndonos sobre los múltiples interrogantes que rodean la vida de Jesús, es conveniente que hagamos una referencia a la región palestina de la que era originaria su familia y en la que el Maestro desarrolló gran parte de su actividad pública.

Galilea, esa región que siglos más tarde habrían de conocer tan bien los templarios, era una zona que no gozaba de muchas simpatías por parte de la mayoría de los judíos ortodoxos del resto de Palestina. Situada en la parte septentrional del país, está limitada al norte por el actual Líbano, por el Mediterráneo al oeste y por el río Jordán al este. La historia de la antigua Galilea está bien reflejada en el Antiguo Testamento, especialmente en los pasajes en los que Josué vence a uno de los reyes de la región en la sangrienta batalla de Hatzor. Aún hoy sus poblaciones más importantes siguen siendo Haifa y Nazaret. Galilea es una tierra montañosa en su extremo septentrional y más bien llana en el resto. La aridez de sus regiones interiores —aquellas por las que tanto anduvo y predicó Jesús— es tan acusada que apenas puede darse en ella clase alguna de cultivos.

Como decíamos, los habitantes de esta tierra notablemente inhóspita, los galileos, eran considerados «gentiles» por el resto de la comunidad judía. Los motivos de esta animadversión venían de lejos y tenían su base en los enfrentamientos bélicos mantenidos durante el siglo II antes de nuestra era entre las huestes judías y los «paganos» o «gentiles» galileos.

En el Libro de los Macabeos, de autor desconocido, podemos leer la valentía y el tesón con que los miembros de esa familia se enfrentaron repetidamente a las huestes del rey sirio Antíoco IV. Este monarca, perteneciente a la dinastía de los Seléucidas, y de una manifiesta megalomanía personal, quiso imponer su religión al conquistado pueblo judío. En realidad, lo que más le interesaba a Antíoco era apoderarse de Jerusalén y de los tesoros que se suponía llenaban su templo. Así pues, en el 169 a. de C., las huestes seléucidas al mando del mencionado Antíoco —que para entonces ya se hacía llamar Epífanes, que quiere decir, más o menos, «Dios se manifiesta en mí»— saquearon el Templo y se llevaron cuanto pudieron encontrar. Ante semejante tropelía, los judíos se levantaron en armas. Pero Antíoco disponía de un fuerte ejército con el que no tuvo que esforzarse demasiado para arrasar la ciudad de Jerusalén e imponer en el mismísimo Templo el culto a Zeus. Téngase presente que los seléucidas descendían de aquel Seleuco, general de Alejandro Magno que en el reparto del Imperio se quedó con la Mesopotamia, incluyendo la región de Palestina, y que, por tanto, mantenían vigente el culto al panteón helénico.

Los abusos seléucidas concitaron una vez más las iras de los judíos que, al mando del sacerdote Matatías y de sus cinco hijos, se empecinaron en mantener una guerra de guerrillas contra el invasor. La suerte de estos enfrentamientos fue muy variada, pero si hemos de hacer caso al Libro de los Macabeos en uno de sus pasajes más entusiastas, «una vez trabada la batalla quedaron en ella muertos cinco mil hombres del ejército enemigo». El héroe judío de esta y de otras campañas contra las huestes de Antíoco fue Judas, el tercer hijo del ya mencionado Matatías. Este valeroso joven, al que pronto se le dio el sobrenombre de Macabeo, «el martillo», había de erigirse en símbolo de la resistencia judía contra los invasores, vinieran estos de donde vinieran, y también, por supuesto, contra aquellas tribus judías a las que bien se les podía tener por colaboracionistas o por disidentes.

Y es aquí en donde empieza el enfrentamiento entre macabeos y galileos. Porque la facción de los judíos que vivían en tierras de Galilea, cansados, al parecer, de los agravios sufridos, pidieron ayuda a Judas Macabeo. «Escoge un cuerpo de tropas —ordenó a su hermano Simón— y ve a liberar a tus hermanos que están en Galilea», cuenta el libro. A partir de ese momento, galileos y macabeos, o lo que es lo mismo Galilea y Judea, no dejaron de fomentar sus mutuos odios, dispuestos a entregarse a nuevos enfrentamientos siempre que surgiera la menor ocasión.

La familia galilea de Jesús

Dicho lo que antecede, convendrá tener bien presente que Jesús y su familia pertenecían a esa región marginada —desleal y pagana, según se la había considerado en el pasado— de la Galilea. Para algunos investigadores —nada desacertados a nuestra modesta opinión—, estos galileos eran de raza aria y no semítica, amigos de la especulación filosófica y hasta mística, propensos a la ensoñación y al lirismo; en pocas palabras, más amigos de las veleidades creativas, diríamos hoy, que del rígido dogmatismo de la ortodoxia judaica. Por tanto, no les eran ajenos los cultos existentes en los países colindantes; unos cultos que, si bien podían resultar sugerentes, se apartaban diametralmente de la religión hebraica. Y puesto que, al fin y al cabo, los galileos, por muy gentiles y disidentes que fueran, no dejaban de pertenecer a la familia de Judá, se imponía que volvieran al seno de la Ley mosaica.

Como era previsible, aquel lamentable estado de cosas no iba a durar mucho tiempo. A finales del siglo II a. de C., exactamente en el año 103, Aristóbulo, nieto de uno de aquellos hermanos Macabeos que tanto se habían destacado como guerreros indomables, se hizo coronar rey de los judíos —hecho que no fue muy bien visto por la casta sacerdotal— e impuso por la fuerza a los habitantes de Galilea la Ley de Moisés, con todos los ritos que ella conllevaba, empezando por la circuncisión.

Y así fue como Jesús, el Jesús niño y adolescente, se educó enteramente dentro de la ley mosaica que su familia respetó siempre de forma puntillosa. Y cuando decimos «su familia» nos estamos refiriendo no solamente a sus padres, José y María, sino también a sus hermanos, tanto los que pudieran existir como hermanastros, de un supuesto José viudo, como los que tuvo el carpintero posteriormente, dentro del matrimonio con María. Esta segunda posibilidad —la primera queda en el terreno de una suposición sin fundamento que la avale—, de la que hemos de hablar más extensamente en próximos capítulos, se encuentra fuertemente respaldada por los propios evangelistas, ya que el mismo Lucas se refiere a Jesús llamándolo «primogénito». En caso contrario, es decir, en el supuesto de que no hubiera más hijos que Jesús, tal apelativo sería ocioso ya que bastaría referirse a él como hijo único.

Las fechas se contradicen

Entre los múltiples puntos oscuros que rodean la vida de Jesús —y que sin duda estaban en el punto de mira de los templarios— se encuentra la fecha de su nacimiento.

Evidentemente, una fecha solo tiene la importancia de su posible significado; y se hace palmario que la fecha del nacimiento de un dios debería ser algo de la máxima trascendencia. Sin embargo, cabe preguntarse al respecto si los dioses tienen fecha de nacimiento; porque, de ser así, ello implicaría también la otra fecha inevitable, la de su muerte, que echaría por tierra su pretendida inmortalidad divina.

No nos sorprende, pues, que, teniendo muy presente este simple razonamiento, personajes como San Clemente de Alejandría, figura estelar de los primeros tiempos de la Iglesia, se burlasen de aquellos que querían poner fecha precisa de nacimiento a Jesús, como si de un vulgar mortal se tratase. Pero dejando de lado consideraciones tan obvias, centrémonos en este Jesús galileo cuyas circunstancias históricas no paran de arrojar interrogantes.

Nos dice el cardenal Pallavicini, en su *Historia del Concilio de Trento,* que en una de las sesiones del citado Concilio, exactamente en la IV, se estableció el decreto por el cual «... todo aquel que no considerase sagrados y canónicos los libros que forman el Antiguo y el Nuevo Testamento, con todas sus partes, tal como se conocen y leen en la Iglesia católica y figuran en la antigua Vulgara latina, o bien se burlase o dudase de alguno de los conceptos en ellos manifestados, sea reo de anatema». La amonestación no deja lugar a dudas, y son todavía muchos millones de fieles católicos los que en este siglo XXI siguen al pie de la letra tan drástica advertencia. Pero analicemos por un momento lo que dicen los evangelistas sobre el nacimiento de Jesús, y saque posteriormente el lector sobre este punto, al igual que sobre tantos otros referentes a la vida del Maestro, sus propias conclusiones.

Leemos en el Evangelio de Mateo que: «Nació Jesús en Belén de Judea, en tiempo del rey Herodes» (Mateo 2, 1). Posteriormente, el mismo evangelista nos relata que llegaron al palacio del monarca unos «sabios de Oriente», que lo dejaron lleno de inquietud al preguntarle dónde se encontraba el rey de los judíos recién nacido.

Haremos gracia al lector de lo que sigue en el relato evangélico, porque sin duda le es de sobra conocido, pero nos detendremos en un punto capital: «José tomó al niño y a la madre y partió con ellos camino de Egipto, en donde permaneció hasta la muerte de Herodes» (Mateo 2, 15).

Y es precisamente en este punto en donde surge la seria duda sobre la autenticidad de la fecha del nacimiento de Jesús, porque es el hecho que Herodes había muerto cuatro años antes de ese nacimiento, lo cual implica que Jesús vino a este mundo, como mínimo, cuatro o cinco años antes de nuestra era.

Pero las cosas no terminan aquí. Leemos en otro evangelista, esta vez se trata de Lucas, que el emperador romano Augusto ordenó que todos los habitantes de su Imperio se empadronasen. Y aclara Lucas —sin duda para precisar más todavía el momento histórico— que por aquellas fechas era gobernador de Siria un tal Cirino. Así pues, José el carpintero y María su esposa, para cumplir con la orden imperial, tuvieron que abandonar la villa galilea de Nazaret, para trasladarse a la de Belén de Judea, de donde eran oriundos sus antepasados. Y fue allí «donde María dio a luz a su *primogénito*» (Lucas 2, 7)

Los hechos históricos mencionados no pueden ser más veraces: Jesús nació en Belén el año en que el gobernador Cirino, siguiendo las órdenes del César, vigiló el censo de los judíos; un censo que tuvo lugar tras la deposición del rey Arquelao, hijo de Herodes. Y es precisamente aquí en donde las fechas vuelven a desencajar. Porque Flavio Josefo, el fidedigno historiador judío a quien ya nos hemos referido, especifica en su obra *Guerra judía* que el mencionado Arquelao fue llamado a Roma y depuesto por Augusto en el noveno año de su reinado. Si Herodes el Grande murió, como ya hemos visto, cuatro años antes de nuestra era, y su hijo fue depuesto nueve años después, Jesús tendría como mínimo trece años cuando los evangelistas hacen referencia a su nacimiento en Belén.

Más incógnitas

A veces las cosas se unen y entrelazan de forma insospechada como si quisieran reforzarse para lograr más eficazmente una meta común. Y hacemos esta reflexión porque algo parecido sucede en nuestra exposición sobre los enigmas de la vida de Jesús. Veamos. Entre los llamados Padres de la Iglesia hay uno que nos ha llamado la atención al tratar estos puntos oscuros del nacimiento de Jesús. Se trata de San Ireneo, un hombre erudito oriundo de Asia Menor y muerto en Lyon, de donde fue obispo, allá por el año 200. Este hombre, que dejó escritas varias obras de notable importancia para el sostenimiento del dogma cristiano, que conoció a los llamados «padres apostólicos» y a los Ancianos, es decir, aquellos primeros presbíteros que estuvieron en contacto con los apóstoles; este hombre, en fin, declara que Jesús tenía alrededor de cincuenta años cuando hizo pública su Enseñanza, y más de esa edad cuando murió. Unos datos que distintos investigadores han venido corroborando últimamente.

Esta afirmación nos remite a un cálculo muy simple: si Jesús fue crucificado en el año 33 ó 34 de nuestra era, había nacido dieciséis o diecisiete años antes de que esta se iniciara. Su longevidad adquiere de este modo una distinta dimensión, que da pie a nuevas y enjundiosas preguntas sobre lo que pudo llevar a cabo a lo largo de esos prolongados años de existencia de los que nada sabemos. Pero tal vez otros —y, naturalmente, seguimos pensando en los conocimientos secretos que la Orden del Temple tenía sobre el tema— pudieran decir muchas cosas al respecto.

¿Y qué decir del supuesto día del nacimiento de Jesús? Durante muchos siglos —la costumbre sigue vigente en nuestros días— se tomó el 25 de diciembre como la fecha exacta de su nacimiento. No obstante, esa fecha estuvo sometida a numerosos cambios desde los primeros tiempos. Así, por ejemplo, San Hipólito, un personaje de cierto prestigio dentro del santoral cristiano y autor nada menos que de una *Historia universal* (¡) que abarca desde la Creación hasta el siglo III, último de la vida del autor, nos dice que Jesús nació el 2 de abril, o tal vez el 2 de enero, según cómo se interprete el término «nacimiento» o «concepción». En fin, la fecha sagrada pasó a ser para unos el 19 de abril y para otros el 20 de mayo. En el fondo nadie se ponía de acuerdo

Pero llegado el siglo IV estas cosas se tomaron con mayor seriedad y hubo que fijar una fecha definitiva para el natalicio: el 25 de diciembre. Se trataba de una fecha solar de singular relieve que era necesario resaltar para contrarrestar una amenaza en ciernes. Para entonces había surgido un problema que podía resultar crucial en el buen desarrollo de la naciente Iglesia cristiana. Ese problema se llamaba Mitra. Y aunque de la trascendencia de su culto no tendremos más remedio que hablar en la Segunda Parte de este libro —por sus indiscutibles conexiones con el mundo cátaro y las más que probables con la Orden del Temple—, permítanos el lector hacer aquí un breve comentario sobre el tema.

Mitraísmo frente a cristianismo

Nos dice Mircea Eliade que en los albores del siglo primero antes de Cristo empezaron a propagarse por el mundo mediterráneo los llamados Misterios de Mitra. En un lapso de tiempo relativamente corto —pongamos cincuenta o cien años a lo sumo—, el mitraísmo se había extendido por una considerable franja del Imperio romano, ganándose el respeto, y hasta la simpatía, de amplios sectores de la población. Raramente había sucedido algo similar con las religiones foráneas. ¿De dónde procedía y en qué consistía este culto?

El mitraísmo se originó en la antigua Persia, aunque el culto al dios de esta religión, Mitra, tenía sus raíces no solamente en Persia sino en otras fuentes anteriores de la India, ya que constituye un dios indo-iranio de la luz, encargado de mantener el orden cósmico. Es, por consiguiente, una divinidad solar, garante de la veracidad y de la buena voluntad de los hombres; es el Señor de la luz creada, un héroe que carece de lado oscuro. Según la mitología, Mitra y el Sol habrían sellado su eterna amistad en el transcurso de un festín que, en adelante, constituiría el prototipo de los banquetes rituales. Mitra, a pesar de ser una divinidad mistérica, no habrá de sufrir el destino trágico tan común a sus congéneres. En pocas palabras, Mitra es un dios luminoso, redentor, generoso y protector. ¿Caben mayores atractivos para afiliarse a su culto?

Los misterios mitraicos, que solían celebrarse en grutas o criptas, y a los que solamente eran admitidos los hombres que tomaban parte en un ágape ritual, atraían por igual a iranios, a griegos y, posteriormente, a romanos. Para los griegos, este Mitra es una versión plausible de su propio dios Dioniso; sus misterios recuerdan a los dionisíacos, y en ambos casos se trata de un culto de esperanza. Pues se cree que ha de llegar un dios nuevo, solar, que nacerá para la redención humana.

No hay demasiados datos sobre la ceremonia de iniciación a la que debían someterse los neófitos, pero la existencia de una serie de «sacramentos», entre los que se encontraba una especie de bautismo, y el contenido místico y religioso del culto de Mitra guardaban tal parecido con el ritual cristiano, que la Iglesia naciente se sintió muy preocupada por lo que ya consideraba una amenaza a su existencia. Nada tiene de extraño, por tanto, que los apologetas cristianos se esforzaran en resaltar las «aberraciones» de los misterios mitraicos, si bien sus exhortaciones no sirvieron para frenar la proliferación de la religión de Mitra.

Muchos siglos más tarde, Ernest Renan, el escritor francés que en 1863 escribió aquella famosa *Historia de Jesús,* afirmaría que «si el cristianismo hubiera sido detenido en su crecimiento por una enfermedad mortal, el mundo entero hubiera sido mitraísta». Tal vez uno de los obstáculos para el ulterior desarrollo del mitraísmo fue la no inclusión de las mujeres en su culto. Téngase en cuenta que el elemento femenino resultaba capital en toda religión mistérica.

De todo lo expuesto se deduce que era necesario poner coto a un movimiento religioso de tal categoría. Y si Mitra era el Señor de la Luz, el Sol Invicto, venerado por gran parte del Imperio romano, y especialmente por sus soldados, urgía contrarrestar su poder empezando por corregir ciertos detalles de la vida del nuevo y auténtico dios cristiano, como el de la fecha de su nacimiento.

Así fue como la Iglesia naciente estableció desde entonces, y ya de manera irreversible, que Jesús había nacido el 25 de diciembre, fecha en la que el Sol empieza a ascender sobre la Eclíptica. Entre las leyes espirituales, a las que también podríamos denominar leyes cósmicas o leyes del mundo, que conforman el patrimonio esotérico de muchas religiones, figura la de que en las fechas que van desde el 23 al 25 de diciembre se produce una revolución, un cambio cósmico: el *Nacimiento del Dios Sol*. Esta fecha del 25 de diciembre era ocasión de grandes celebraciones que venían conmemorándose desde tiempos inmemoriales en todas las tradiciones, desde la egipcia, que fijaba en ese momento astronómico el nacimiento de Osiris, hasta Grecia, en la que Baco y Adonis nacían también en la fecha equivalente al 25 de diciembre.

Surgía de este modo en dicha fecha sacral del solsticio de invierno —tan significativa también para cátaros y templarios— un *Sol nuevo*, un Salvador, un Avatar magnífico que, oponiéndose al Mitra iranio, quería redimir de forma más profunda y completa al género humano.

CAPÍTULO IV

Juan el Bautista, una figura insondable

❧

Si tuviéramos que hacer una lista de los personajes inefables que rodean la vida de Jesús, es posible que Juan, llamado *el Bautista*, ocupara uno de los primeros puestos. Sobre su persona, como sobre la de tantas otras vinculadas al Maestro, apenas si se hacen unos breves apuntes en los textos canónicos. Y, sin embargo, este Juan Precursor juega un papel determinante en la vida de Jesús. Un papel que los templarios tuvieron siempre muy presente, como se verá más adelante. Pero ¿quién era realmente este misterioso Juan?

Nos dice Mateo el evangelista que Juan se vestía exclusivamente con pieles de camello, y que su único alimento consistía en saltamontes y miel silvestre. Su fama era tal que iban a escuchar sus palabras gentes llegadas de Jerusalén, de toda Judea e incluso de la ribera del Jordán. Confesaban ante él sus pecados, y entonces Juan los bautizaba en las aguas del río. Pero cuando se le acercaban los fariseos y saduceos —es decir, las clases sacerdotales más privilegiadas— para recibir su bautismo, los trataba con la máxima dureza llamándolos incluso hijos de víbora.

Marcos y Lucas nos cuentan en sus respectivos Evangelios que en cierta ocasión llegó Jesús, procedente de Galilea, para que Juan lo bautizara también en las aguas del Jordán siguiendo el rito acostumbrado. El Bautista se resistió en principio, por considerar que no era digno de hacer tal cosa, pero ante la insistencia de Jesús: «Es menester que cumplamos con lo que Dios ha dispuesto» (Mateo 3, 15) terminó por bautizarlo «como a los demás». En esta ocasión, Mateo nos dice que, una vez bautizado Jesús, se pudo oír una voz que procedía del cielo y que decía: «Este es mi Hijo amado, en quien me complazco».

Por lo que relatan los evangelistas, Juan era primo, o al menos pariente, de Jesús; no obstante, los textos evangélicos no nos dicen que se conocieran personalmente antes del bautismo en el Jordán, aunque parece desprenderse del relato bíblico que era precisamente Jesús el que estaba muy al tanto de las actividades de Juan, pues su figura tenía tal ascendecia sobre las masas que eran muchos los que lo consideraban el auténtico Mesías.

La personalidad de esta figura, de este Juan Bautista o Precursor, es verdaderamente sugestiva; por tanto, nada tiene de particular que haya sido objeto de las más variadas suposiciones. Las pocas frases que aparecen como dichas por él en los Evangelios nos recuerdan de tal manera el estilo del Apocalipsis, e incluso de abundantes fragmentos del Evangelio de San Juan, que nada tiene de particular que sean muchos los investigadores que piensan que uno y otro —el Bautista y el Evangelista— son la misma persona. A nosotros nos gustaría compartir idéntica opinión. Y si bien para algunos hermetistas las razones de semejante identidad son más notorias y de índole más simbólica y trascendental que esas meras similitudes estilísticas, hay un problema de fechas que parece insalvable a la hora de establecer la misma identidad para los dos Juanes, toda vez que el Bautista murió antes que Jesús, y obviamente no pudo narrar los últimos momentos de la crucifixión. Pero ¿sucedieron las cosas tal como se mencionan en unos Evangelios que, como es bien sabido, sufrieron tantas manipulaciones?

Una decapitación poco clara

La muerte de Juan el Bautista constituye uno de los pasajes más dramáticos, más crueles y sin sentido de las Escrituras. Resulta paradójico, y hasta sospechoso, que se le dedique tan poca importancia a un hecho que, siglos después, habría de recuperar en las artes plásticas y en la música la preeminencia que no se le quiso conceder en un principio. Juan, un hombre en la plenitud de la vida, fuerte, valiente —tal vez, hasta la osadía—, sincero, ascético y de bien probada nobleza de espíritu, tiene una muerte injusta y soterraña para dar satisfacción al capricho de una mujer desalmada y lujuriosa. ¡Triste final para un noble profeta!

Nos cuentan los evangelistas que el rey Herodes, en recompensa por el placer que le causó la danza de Salomé —una danza que, pensamos, tuvo que ser infinitamente superior a las ejecutadas por Isadora Duncan dicinueve siglos más tarde—, prometió obsequiarla con lo que aquella bella y proterva joven le pidiera, así fuera la mitad de su reino. Salomé renunció a premio tan sustancioso y en su lugar se conformó con que le presentara en bandeja la cabeza del Bautista. (Mateo 14, 8; Marcos 6, 25).

A Herodes la insólita petición de Salomé le produjo una gran angustia, porque si bien había mandado encarcelar al Bautista por las continuas diatribas hacia su vida desenfrenada, no se atrevía a cortar el cuello a un hombre que gozaba de gran predicamento entre el pueblo. Pero Salomé fue tajante en su demanda, y al rey no le quedó más remedio que ceder. Juan fue decapitado y su cabeza presentada en una bandeja para gran satisfacción de la joven. Esto sucedía en el palacio que Herodes tenía a orillas del lago Tiberíades.

Pero hay razones para suponer que las cosas no sucedieran así. Para empezar, el Bautista estaba preso en las mazmorras de Maqueronte, una fortaleza situada en la parte meridional de la región de Perea, lugar estratégico para vigilar los pasos de Moab y las llanuras del mar Muerto. De ella nos habla el ya citado historiador Flavio Josefo que conocía a la perfección los enclaves estratégicos de su país. Esa fortaleza, destinada exclusivamente a usos militares, carecía de todo tipo de estancias suntuosas y palaciegas, como era el caso del alcázar que Herodes poseía en las riberas del lago Tiberíades. Carece de todo sentido que el festín dado por Herodes tuviera como escenario un lugar tan desangelado, enclavado, además, en una de las regiones de clima más duro. No sería eso lo que más pudiera apetecer a personas acostumbradas al lujo como Herodías y Salomé. Por lo demás, entre Maqueronte y Tiberíades media una distancia de unos ciento cincuenta kilómetros aproximadamente.

Así pues, resulta de todo punto imposible que un soldado, por excelente jinete que fuese, realizase en una noche ese viaje de trescientos kilómetros para ir de las lujosas estancias en las que daba su festín el rey Herodes a los calabozos de la fortaleza de Maqueronte, cortar después la cabeza del Bautista y traérsela como presente a Salomé, cuando esta hubiera concluido su danza sicalíptica. ¿No sería más probable que ante la imperiosa demanda de la joven, Herodes decidiera decapitar a uno de los muchos prisioneros que poblaban sus cárceles y hacer pasar su cabeza por la del Bautista? Al fin y al cabo, lo más probable es que ni Salomé ni su madre, Herodías, hubieran visto jamás al preso, y cabezas de larga cabellera y descuidada barba como las del Precursor tenían que abundar en las ergástulas reales.

Hay todavía más contradicciones en la supuesta muerte del Bautista que no contribuyen precisamente a hacer de este relato un hecho que se ajuste plenamente a la realidad. Por ejemplo, tanto Mateo como Marcos mencionan en sus Evangelios que la bailarina real que pide la cabeza de Juan es Salomé, hija de Herodías. Sin embargo, en el siglo v la tradición afirmaba que fue la propia Herodías la que estuvo bailando en el festín del rey. Autoridades tan importantes dentro del ámbito de la Iglesia como San Juan Crisóstomo o San Atanasio de Alejandría lo afirman rotundamente en sus escritos. Ante tal estado de cosas, ¿no es comprensible albergar dudas sobre el supuesto sacrificio de Juan el Precursor?

Salomé y la leyenda de una danza ominosa

El episodio de la bella Salomé bailando de modo sensual ante su padrastro el rey Herodes y toda su corte en la fiesta del cumpleaños real es el único pasaje en que los evangelistas —reducidos en este caso a Mateo y Marcos, únicos comentaristas del suceso— se permiten narrar una escena frívola. No sabemos cuáles pudieron ser las intenciones que impulsaron a ambos evangelistas a incluirla en sus textos, a todas luces pacatos y conservadores. Pero vale la pena analizar los detalles de un hecho que adolece de notables incongruencias históricas y que, por el contrario, posee todos los ingredientes de una curiosa leyenda.

Para empezar, y suponiendo que la bailarina fuese la mencionada Salomé, y no su madre, Herodías —como afirmaron en su momento sesudos Padres de la Iglesia—, es necesario aclarar una serie de puntos muy reveladores.

El primero se refiere a la identidad de Salomé. Esta «joven» princesa —el entrecomillado lo explicaremos seguidamente— era hija de Herodes Filipo y de Herodías. Digamos, de paso, que cuando tras la muerte de Herodes el Grande, acaecida el año 4 antes de nuestra era, su hijo Herodes Antipas viaja a Roma para ser reconocido como heredero del trono de Judea por el emperador Augusto, se queda prendado de la señora Herodías que, a la sazón, es la esposa de su hermano, el anteriormente mencionado Herodes Filipo (como fácilmente podrá comprobar el lector, esta abundancia de Herodes se presta a inevitables confusiones). Pues bien, nada más llegado a Palestina, el susodicho Herodes Antipas convence a Herodías para que abandone a su marido y se venga a vivir con él, trayendo de paso a su hija Salomé.

Según menciona Flavio Josefo en su obra *Antigüedades judaicas,* tales hechos sucedieron poco después del nacimiento de Salomé. Teniendo en cuenta que Herodes el Grande murió, como ya dijimos, en el año 4 antes de nuestra era, y la muerte del Bautista se sitúa alrededor del 29 d. de C., tendremos que la «joven» Salomé tenía en el momento de su famosa danza unos 37 ó 38 años. Una edad muy respetable para aquella época y, sobre todo, para un pueblo cuyas mujeres alcanzaban la plenitud poco después de la adolescencia. Rozando la cuarentena, Salomé era dueña de muy pocos, o ninguno, de los encantos juveniles que tanto solían encandilar a su ardoroso padrastro.

Y qué decir de su madre, la reina Herodías, que superaría con mucho la cincuentena en la fecha de la famosa fiesta. Nos imaginamos el disgusto, y no el placer, que podrían producir semejantes matronas danzando —ya se tratase de una u otra— ante los miembros de una corte de gustos refinados.

Pero, además, es necesario hacer otra consideración. En las fiestas ofrecidas por las familias nobles y adineradas de Palestina —como sucedía en todo el Próximo Oriente— se contrataba para amenizar las fiestas a bailarinas profesionales. Jamás una dama de alcurnia, por muy alocada que fuese, se rebajaría a bailar ante sus invitados, cuánto menos una reina o princesa real. Todo ello nos lleva a una única, y en cierta medida deslucida, conclusión: la sicalíptica danza de Salomé no fue más que una completa fábula.

El verdadero papel de Juan el Precursor

Pero volvamos al Bautista, encadenado en la lóbrega mazmorra de una de las más tétricas fortalezas de Perea: Maqueronte. Según el relato de los evangelistas, el crimen por el que Juan se encontraba encarcelado era básicamente el de haber reprochado a Herodes su conducta adúltera. No se habla de otros posibles «delitos». Parece ser que el hecho de que estuviese casado con Herodías, la anterior esposa de su hermano, había sido el pecado que había colmado la paciencia del Bautista. No obstante, hemos de recordar que matrimonios adulterinos de la más variada especie se podían encontrar sin gran esfuerzo entre los monarcas del Antiguo Testamento, y que ello no había llevado a la muerte a quienes —ya fueran profetas, jueces o sacerdotes— los hubieran criticado o condenado en público.

No. Es muy probable que la muerte del Bautista obedeciera a razones muy distintas. Tal vez la insistente acusación de adulterio por parte de Juan pudo haber sido el detonante; pero la cosa venía de lejos. Los evangelistas nos hablan de la muchedumbre que iba a consultarle asuntos de índole puramente política o social. Lucas insiste en ello: «Maestro, ¿qué debemos hacer?», le preguntaban, a la hora del pago de tributos o del reparto de bienes. Juan daba a todos la respuesta que convenía o que consideraba más justa. Y tanta era la influencia que ejercía sobre la gente que se llegó a pensar si no sería el Mesías, el auténtico salvador de su pueblo. Incluso el mismo Herodes lo consultaba, lo respetaba... y lo temía.

Juan Bautista era la Voz, como correspondía a su papel de profeta-esenio-zelote. Y, naturalmente, había que acabar con él; como sucedería poco tiempo después con aquel de quien él se consideraba Precursor.

Supuestamente, la degollación de Juan tuvo lugar en la aislada fortaleza de Maqueronte. Pero parece ser que su cabeza no fue expuesta en una pica para alimento de las aves carroñeras, como solía hacerse con muchos maleantes. La cabeza del Bautista fue guardada con sumo esmero por sus seguidores, más como un símbolo que como una mera reliquia. Una cabeza por la que los templarios, como se verá en su momento, sintieron siempre un respeto sacral.

Y como nota curiosa —o no tan curiosa— para finalizar este breve capítulo sobre el Precursor, llamemos la atención del lector sobre un dato. La fecha en la que la Iglesia católica celebra la festividad del Bautista, el 24 de junio, coincide con otro acontecimiento astronómico de relieve: el solsticio de verano. Es decir: Jesús de Nazaret nace oficialmente el 25 de diciembre, solsticio de invierno, y Juan el Bautista celebra su fiesta el 24 de junio, solsticio de verano. Muy significativo.

CAPÍTULO V

La oscura infancia de Jesús

❧

¿QUÉ le sucedió a Jesús durante sus años de infancia y adolescencia? Misterio. Los evangelistas Mateo, Marcos y Juan no dicen una sola palabra al respecto. Únicamente Lucas se permite hacer un brevísimo comentario, y para eso cuando Jesús ya ha alcanzado la edad de los doce años y debe ser presentado en el Templo, según establecía la Ley. Tras la amorosa reprimenda que María hace a su hijo por no advertirlos de su ausencia, el evangelista se limita a informarnos de la manera más escueta posible que: «Jesús crecía, y con la edad aumentaban su sabiduría y el favor de que gozaba ante Dios y los hombres»(Lucas 2, 52). Reconozcamos que la información es escasa y poco documentada. Ni una palabra de sus hermanos, de la relación que mantuvo con sus padres, de su formación, de su trabajo. Como biógrafos del personaje más señero de la Historia, la verdad es que los cuatro evangelistas dejan bastante que desear.

No sorprende, pues, que se hayan hecho todo tipo de especulaciones sobre esa etapa desconocida de la vida de Jesús. Los años transcurridos desde su infancia —la presentación en el Templo— hasta el inicio de su actuación pública como portador de un mensaje mesiánico se hunden en el vacío más absoluto. Si a los doce años ya podía discutir con los eruditos rabinos —en el supuesto, nada improbable, de que esas «discusiones» no fueran más que encomiásticas elaboraciones del evangelista—, ¿quién lo había preparado? Nazaret —e inmediatamente haremos una aclaración sobre esa inexistente localidad de «Nazaret»— no debía ser un centro cultural de importancia. ¿Tuvo Jesús instructores desconocidos que lo prepararon en las ciencias sagradas y en el mundo del hermetismo? Son legión los investigadores que desde hace siglos especulan sobre tal posibilidad. Estudiosos pertenecientes a muy variadas corrientes de pensamiento y escuelas de corte espiritualista envían a Jesús a los más lejanos y afamados centros mundiales de aprendizaje esotérico, que van desde lugares secretos de la India y el Tíbet, a templos mistéricos e iniciáticos de Egipto, en donde recibiría una formación intensísima y se le prepararía para su papel de Salvador del mundo.

La capacidad que poseemos para la especulación puede alcanzar cotas insospechadas; y puesto que las actividades del Maestro durante esos años de juventud son un misterio, ninguna hipótesis sobre lo que aconteció en su transcurso es del todo rechazable. No obstante, las investigaciones más fiables nos hablan de una formación esenia de Jesús; el ambiente y las circunstancias, tanto las históricas como las geográficas, avalan esta hipótesis. Los inevitables contactos con centros de conocimiento que un hombre de sus características debió mantener se muestran como un hecho más que probable. Y los templarios estaban al tanto de ello. Por lo demás, hasta la supuesta edad de treinta y tres años, son muchas las cosas que un hombre consciente de su relevante papel en este mundo puede hacer, además de ayudar a su anciano padre en un taller de carpintería.

¿Existía Nazaret en tiempos de Jesús?

Antes de referirnos al entorno más cercano y directo de Jesús, empecemos por aclarar algunos puntos que carecen de rigor histórico como, por ejemplo, la realidad del lugar en el que según afirman los textos canónicos vivió el Maestro hasta su entrada en la vida pública: Nazaret.

Ni en el Antiguo Testamento, ni en el Talmud —y no olvidemos que esta obra de la literatura posbíblica hebrea es, ante todo, una magnífica enciclopedia en la que se incluyen cuantas materias puedan interesar a un judío ortodoxo, desde la agricultura y la geografía hasta la filosofía, la ciencia e incluso las leyendas—, ni en las obras del mencionado Flavio Josefo, ni siquiera en los manuscritos del mar Muerto, existe la menor referencia a una población que se llame Nazaret. Su aparición no se produce hasta el siglo IV, ya en el texto de los Evangelios oficiales. Hasta entonces el nombre de Nazaret no era más que un apelativo genérico, y no la denominación de un punto geográfico. Nazaret quería decir «el lugar en donde viven los *naziréat*. ¿Y quiénes eran estos *nazireats?* Pues ni más ni menos que los «puros», los que en hebreo también se conocen por *kadoshim*.

Naturalmente, los fieles del todavía joven cristianismo sentían la necesidad de peregrinar al sitio que los Evangelios mencionaban como Nazaret, el lugar santo en que Jesús había pasado tantos años de su vida puliendo maderos en el taller de su padre carpintero. Y hubo que crear un Nazaret; pero esto no sucedió hasta el siglo VIII, cuando el cristianismo ya gozaba del suficiente poder para crear incluso su propia geografía sagrada.

Comentemos, de pasada, una breve historia que demuestra que fue tan grande el interés que la Iglesia tuvo siempre por sacralizar la localidad en la que, según ella, vivió Jesús durante tantos años, que hasta la llevó a crear una leyenda que sigue teniendo hoy gran vigencia, y que por su interés y pintoresquismo no podemos pasar por alto. Al investigador francés R. Ambelain, que se ha ocupado esforzadamente por aclarar los múltiples enigmas que rodean la figura del Maestro, y con algunas de cuyas teorías estamos de acuerdo, debemos ciertos detalles de este apunte histórico.

El año en que cayó definitivamente San Juan de Acre en poder de los musulmanes, 1291, y que marca el definitivo final de la presencia de los cruzados en Palestina, tuvo lugar un hecho extraordinario. En el mes de mayo de ese año, y ante el más que previsible avance de los ejércitos de la Media Luna, fue enviada desde el cielo una legión de ángeles para que elevaron la casa de Nazaret en la que había vivido la Sagrada Familia y, a través del cielo, la trasladaran a una población de Croacia, exactamente Susac, situada en las colinas de Tersatto. En este emplazamiento se alza hoy una iglesia del siglo XV.

Pero sucedió que algo más de tres años después de que tuviera lugar este celestial acontecimiento, y previendo la misma legión angélica el avance de los turcos, volvieron a elevar la casa de la Sagrada Familia y, llevándola nuevamente por los aires, la depositaron esta vez en la costa adriática de Italia, cerca de Ancona, en el prado de una pequeña población de nombre Loreto. Nos imaginamos el grado de sorpresa del pobre hombre que una mañana del año 1294 se topó nada menos que con el hogar de la Sagrada Familia en donde la víspera pacían tranquilamente sus ovejas. El lugar fue inmediatamente consagrado, elevándose un santuario de grandes proporciones, hacía donde se dirigen desde entonces los componentes de incontables peregrinaciones. Nada tiene de extraño, dice Ambelain no sin cierta sorna, que a la vista de semejantes desplazamientos aéreos, la Iglesia católica haya convertido a Nuestra Señora de Loreto en patrona de los aviadores.

No obstante, aquellos otros peregrinos que sigan fieles al recorrido original que los lleva a la Nazaret de Galilea, no tienen por qué sentirse defraudados. Los ángeles que trasladaron la casita de la Sagrada Familia primero a Croacia y después a Italia tuvieron buen cuidado de dejar en el enclave original de Nazaret el taller de carpintería de San José, lugar en el que se elevó en 1914 una iglesia conmemorativa.

Al margen de historias y leyendas, por simpáticas que puedan resultar, sobre el emplazamiento de la singular Nazaret, es necesario que tengamos bien presente que el término *Nazareno* que tantas veces se aplica a Jesús, como apelativo a su lugar de origen, tiene un significado muy distinto y mucho más profundo. No quisiéramos pecar de reiterativos si afirmamos que los templarios —y no solo ellos— conocían muy bien este dato, como tantos otros referentes a la auténtica identidad de Jesús.

Tomás, el enigmático «gemelo»

Ya hemos comentado que la existencia de los hermanos de Jesús es algo admitido incluso por los evangelistas, sin que importe demasiado el hecho de que tales hermanos procedieran del primer matrimonio de José, en el caso de que este hubiera existido, o de su matrimonio con María. Pero no nos referiremos en esta ocasión a ellos, sino a este otro personaje, indiscutiblemete más misterioso, al que Juan, en su Evangelio, da el apelativo de *dídimo*, término que en griego quiere decir «gemelo».

Este gemelo no es otro que Tomás, aquel apóstol que, tras la muerte y posterior aparición de Jesús, duda de tal realidad y necesita comprobarla personalmente introduciendo sus dedos en los orificios de las manos y en la llaga del costado del Maestro.

¿De quién era gemelo Tomás? Nada se nos dice sobre esto. Pero lo que aún resulta más enrevesado es que el propio nombre de Tomás significa en hebreo «gemelo». La existencia de este personaje al que Jesús hace referencia en algunos pasajes de los Evangelios tiene una enorme importancia, pues podría aclarar ciertas incógnitas de la Resurrección.

A este enigmático Tomás se le atribuye un evangelio apócrifo perteneciente al siglo V, y, sobre todo, las *Actas de Tomás*, escritas, al parecer, en el siglo VI. En estos textos se pueden encontrar datos más precisos sobre la actividad de este curioso personaje, «el gemelo», que evangelizó el país de los partos. Un imperio que en sus mejores momentos abarcaba un territorio que iba desde el mar Caspio hasta el Éufrates y el Indo; una región inmensa en la que florecían ciudades de la importancia de Ecbatana y Ctesifonte. La aventura evangelizadora de este «apóstol gemelo» es impresionante, pues hay textos bien documentados que afirman que llegó hasta China e India, país este último en el que según se cree murió.

La leyenda cristiana creada por los primeros conversos del apóstol Tomás habla de que llegó a predicar ante la corte del rey indio Gundephar. Se cuenta una historia muy atractiva sobre la relación que Tomás tuvo con este rey hindú, al que, llevado por su celo apostólico, quiso convertir. Al parecer, el monarca pidió a Tomás que le construyera un palacio deslumbrante. Aunque nada sabemos de las dotes arquitectónicas del apóstol viajero, el caso es que este aceptó la inmensa suma que el rey le ofreció para tal fin. Pasó el tiempo, y como el monarca no viera por parte alguna indicios de la construcción del dichoso palacio, mandó llamar a su presencia a los maestros de obras para que lo informaran de lo que estaba sucediendo. Los operarios, se supone que muy atribulados, dijeron al monarca que Tomás en vez de haber empleado los fondos reales en comprar materiales para la construcción del palacio había repartido el dinero entre los pobres. El rey Gundephar, muy irritado, hizo traer a su presencia a Tomás y le preguntó si había construido el palacio, tal como le había ordenado. Tomás le respondió que sí. «¿Dónde está?», preguntó el rey, ya fuera de sí. Tomás, muy sereno, le respondió: «Ahora no puedes verlo, señor; pero lo verás cuando hayas muerto». Parece ser que tal respuesta sirvió para que Gundephar se convirtiera a la nueva religión que predicaba aquel hombre santo venido de tierras lejanas

Fuera como fuese, las andanzas y viajes de Tomás nos hablan de un espíritu verdaderamente aventurero. Una obra inglesa del siglo XVIII relata que predicó en Persia, las Indias orientales y China. De lo que al parecer no hay duda es de que el apóstol viajero —el enigmático gemelo— fundó en algún lugar de las costas occidentales de India la primera iglesia del Extremo Oriente. Las *Actas de Tomás,* que fueron escritas en el siglo III y que gozaron de gran predicamento entre las Iglesias de Oriente y Occidente, nos hablan —a veces con lujo de detalles— de los continuos viajes de Tomás, de sus andanzas y aventuras, de las discusiones que llegó a mantener con sacerdotes y monjes de otras religiones, incluso de las controversias que mantuvo con los brahmanes, que fueron, en definitiva, la causa de su perdición y muerte, según se afirma en esos textos.

En todo caso, y pese al elevado contenido de leyenda que hay en las *Actas,* no se las debe menospreciar, pues nos aportan datos históricos de esa época de los que sin ellas nada sabríamos. De las rutas marítimas, por ejemplo, que partiendo de Roma llegaban hasta Alejandría y desde allí, y atravesando la parte septentrional de Egipto, continuaban hasta las costas del mar Rojo. Aprovechando los vientos favorables y los monzones que tan bien conocían los griegos desde hacía siglos se llegaba a las costas persas y posteriormente a la India. Todo un periplo.

Tomás, el apóstol «gemelo», el corazón ardiente, el hombre que posee la entidad más enigmática de todos sus compañeros, el que un día afirmó que quería morir en lugar del Maestro, tuvo oportunidad de conocer no solo muchas y muy diversas culturas, sino también el entresijo de otras religiones y de sus correspondientes misterios y secretos. Las corrientes del conocimiento fluyen incesantes, y los tomaristas, los discípulos de la nueva iglesia de Tomás, airearían en múltiples ocasiones esos conocimientos, desconocidos por entonces en Occidente, pero que siglos más tarde también formarían parte del acervo hermético de los caballeros del Temple.

CAPÍTULO VI

¿Pero quiénes eran los apóstoles?

L A figura del Jesús —sus hechos y su mensaje, sus ances-tros, familia y convicciones mesiánicas, todo aquello que en definitiva constituye su propia identidad histórica— quedaría ciertamente incompleta y hasta carente de sentido sin la existencia de ese grupo de escogidos, de esa minoría selecta de allegados, de esos discípulos predilectos, en fin, a los que la Iglesia ha designado con el título emblemático de apóstoles.

El término «apóstol» viene del latín *apóstolus*, que a su vez procede de la voz griega *apóstolos*, sustantivo que deriva de *apostéllo*, que significa «yo envío». Así pues, los apóstoles —los doce discípulos, más San Pablo y San Bernabé, añadidos posteriormente— eran, en principio, «los enviados». Ante tal afirmación siempre nos cabe hacer las inevitables preguntas: enviados, sí, pero ¿para qué?, y ¿adónde?

En el Evangelio de Lucas leemos que después de que Jesús se pasara toda una noche orando, bajó del monte y se reunió con sus discípulos, escogiendo de entre ellos a doce. Más adelante, el mismo evangelista nos dice que en otra ocasión Jesús rechazó sin contemplaciones a algunos fieles que querían seguirlo sinceramente. El motivo de tal rechazo nos resulta un tanto duro y hasta injusto. Al parecer, esos pretendientes a discípulos le rogaron que les permitiera, antes de abandonarlo todo y de seguirlo, cumplir con ciertos deberes sagrados, como eran despedirse de sus parientes más allegados o enterrar al padre recién muerto. El Maestro se negó rotundamente

a ello, con lo que aquellos frustrados pretendientes al disci-
pulado se debieron quedar muy dolidos. Con posterioridad a
este suceso, Jesús seleccionó a setenta y dos discípulos para
que fueran de pueblo en pueblo y de ciudad en ciudad predi-
cando el mensaje que les había confiado.

Estos setenta y dos enviados, según nos dice Lucas, regresaron al cabo de cierto tiempo muy ufanos de haber llevado a
cabo una serie de hechos milagrosos. A partir de ese momento poco o nada sabemos de ellos. Pero qué sucede con los
doce primeros, con los elegidos, con los apóstoles. ¿De dónde
procedían y quiénes eran en realidad?

Para empezar, digamos que no se trataba de hombres que
por todo bagaje dispusieran de la mansedumbre de sus cora-
zones para llevar a cabo la evangelización. Como veremos con
más detalle en la Segunda Parte de este libro, los templarios
parecían conocer muy bien cuál era el mensaje *esotérico* y cuál
el *exotérico* de la enseñanza de Jesús. El mismo Lucas pone en
boca del Maestro estas palabras que no dejan lugar a la menor
duda: «*El que no tenga espada, que venda su manto y la compre*»
(Lucas 22, 36).

Por consiguiente, los apóstoles eran hombres dispuestos
a enfrentarse con quien fuera, si la circunstancia lo requería.
Sabían que si bien algunos sectores del pueblo apreciaban el
mensaje del Maestro, tenían en su contra al poder de las cas-
tas sacerdotales que veían con malos ojos la predicación de un
galileo que se decía hijo de David y que mostraba hacia ellos
un evidente desprecio. Por otro lado, el poder militar en manos de los romanos tampoco se podía complacer con las prédicas de aquel hombre que no parecía muy sumiso al emperador. Enemigos podían surgir por cualquier punto, debían
pensar los apóstoles, y había que estar preparados para hacer-
les frente.

El orden en que fueron «reclutados» por Jesús, su perma-
nencia al lado del Maestro y las variaciones sufridas en la elección de los doce, son temas sujetos a tantos cambios que pre-
ferimos omitirlos para no cansar al lector. Quedémonos, sin

embargo, con los doce nombres que parecen ser los más per-
durables y que, al mismo tiempo, son los mejor conocidos:
Simón «Pedro», Andrés, Santiago, Juan, Felipe, Bartolomé,
Tomás, Mateo, Santiago Alfeo, Tadeo, Simón Cananeo y Judas
Iscariote.

Aunque Juan en su Evangelio prefiere referirse a la esencia
del mensaje de Jesús, más que a proporcionar excesivos detalles anecdóticos sobre su vida, en lo tocante al llamamiento de
los apóstoles es bastante preciso, aclarando que los primeros
discípulos se unieron a Jesús el año 29, la misma fecha que
Flavio Josefo da como inicio de la predicación del Maestro.
El Bautista fue encarcelado en el año 28, según afirma Juan en
su Evangelio, y un año más tarde fue ejecutado por orden de
Herodes Antipas en la fortaleza de Maqueronte. Pero ni Juan
el Evangelista ni sus tres compañeros se ponen de acuerdo en el
orden en que los discípulos se integraron en el grupo ni en la
jerarquía que había entre ellos, en el supuesto de que hubiese
alguna. No olvidemos que el mismo Jesús procuraba eliminar
todo tipo de autoridad entre ellos. Cuando, según refieren los
evangelistas, los discípulos empezaron a discutir quién de ellos
era el más importante, el Maestro zanjó la cuestión de raíz:
«El más insignificante entre todos vosotros, ese es el más importante», les dijo.

«Los hijos del trueno»

Entre los doce elegidos que Jesús quiso tener siempre
cerca de sí, hay algunos que nos llaman especialmente la atención, pese a que los evangelistas se muestren remisos a proporcionar muchos datos sobre su condición.

Nos hemos referido anteriormente a Tomás, «el gemelo»,
porque resultan muy llamativas sus especiales características
personales, sus andanzas por Extremo Oriente, la fundación
de una Iglesia apendicular del cristianismo ortodoxo, como
era la llamada «tomarista», y cierta posible —aunque de mo-

mento no bien documentada— influencia que pudo tener sobre movimientos espiritualistas muy posteriores. De él nos ocuparemos más tarde, porque su pintoresca vida merece la pena que se le dedique un capítulo. Nos toca ahora hablar de otros discípulos muy allegados a Jesús y que resultan asimismo muy llamativos.

En el Evangelio de Marcos podemos leer que Jesús, al hacer un breve recuento de sus discípulos, menciona a los hermanos Santiago y Juan, hijos de Zebedeo, a los que había apodado «hijos del trueno» por su celo y gran vehemencia. Ellos eran los que en cierta ocasión le habían pedido ingenuamente al Maestro —o rogado a su madre, Salomé, para que se lo pidiera— que los elevara al más alto rango haciéndolos sentar con él en su gloria.

¿Quién era este personaje curioso, este Zebedeo, padre de Santiago y Juan? Según los textos canónicos, un humilde «pescador», casado con Salomé. En tal caso, no tiene mucho sentido que Jesús emplease con los dos muchachos el pomposo título de «hijos del trueno». Algunos exégetas cristianos, en una interpretación demasiado sencilla, han querido ver en ello el apasionado temperamento de los dos hermanos. Pero no nos confundamos: a Jesús no le gustaba andarse por las ramas a la hora de establecer patrones caracterológicos. El hecho de que les hubiera dado ese significativo apelativo tenía que obedecer a razones mucho más concretas. Y de hecho así era.

La doctora Barbara Thiering, una de las investigadoras más conspicuas en el sugestivo campo de los códigos secretos del Nuevo Testamento, afirma, en su obra *Jesus the Man*, que los términos «Trueno» y «Relámpago» eran títulos honoríficos concedidos a dos altos ministros del Templo. En tal caso, el apelativo concedido por Jesús a Santiago y Juan venía a decir que ambos eran hijos «espirituales» de los grandes sacerdotes del Templo. Por otro lado, el término «pescador» no debe entenderse en el sentido estricto que solemos aplicarlo, sino en otro mucho más simbólico: el de «pescadores de hombres», al que Jesús hace referencia en el Evangelio de Marcos: «Venid conmigo y haré de vosotros "pescadores de hombres"».

El cometido encargado a los «hijos del trueno» no parece que se limitara al de una simple misión evangelizadora. Había algo más. Se trataba de que formaran parte de lo que hoy denominaríamos «un buen equipo». Un equipo que debería instaurar otra clase de orden social, religioso y político en el antiguo reino de Israel.

Dos nombres relevantes: Simón «el zelote» y Judas «Iscariote»

Para no cansar al lector con un repaso de todos los apóstoles, o discípulos elegidos por Jesús para formar lo que podríamos denominar su equipo o consejo rector, detengámonos tan solo en dos personajes altamente representativos: Simón el zelote y Judas Iscariote.

El nombre Simón es tan abundante en el Nuevo Testamento que se presta a posibles confusiones. Pero solamente hay un Simón zelote, al que se menciona claramente en los Hechos de los Apóstoles. ¿Quién era y qué papel desempeñaba este Simón zelote en el grupo de los doce?

Aunque nos referiremos inevitablemente en futuras ocasiones al movimiento de los zelotes, digamos aquí de pasada que constituían la facción más belicosa de la resistencia judía, su brazo armado. Si tenían como antecedentes a aquellos valerosos Macabeos que se enfrentaron a las huestes seléucidas muchos años atrás, es cosa que está por investigar; pero los judíos eran un pueblo indómito, rebelde, enemigo de todo tipo de sumisión a potencias extranjeras, y de eso los romanos no tenían la menor duda. Así pues, pertenecer al movimiento zelote era encontrarse permanentemente en pie de guerra; porque para las fuerzas de ocupación romana ser zelote era lo mismo que ser un despreciable bandido, incapaz de reconocer los beneficios del orden, el progreso y la prosperidad que ofrecía el Imperio.

En el caso de Simón el zelote —al que en otros pasajes de las Escrituras se le apoda «el cananeo», sin que ello tenga nada que ver con el gentilicio de la población de Caná, sino con *kana*, término hebreo que viene a significar «fanático»— nos encontramos con un auténtico soldado, con un veterano guerrillero que sabía muy bien cómo tenía que defender a su jefe, Jesús, y a su grupo. Por si esto fuera poco, Simón dominaba las artes mágicas, cosa que le permitió gozar de gran predicamento entre amplios sectores del pueblo, como se hace constar en los Hechos de los Apóstoles.

Por lo que se refiere a Judas Iscariote, elemento capital en el dramático desarrollo de la historia, parece ser que era hombre letrado. Según la ya citada Barbara Thiering, era jefe de escribas, y tuvo un papel muy relevante en la redacción, al menos en parte, de los manuscritos del mar Muerto. En cualquier caso, se trataba de un hombre culto, que conocía muy bien los antecedentes del movimiento zelote —del cual era también un cargo importante— y sabía cómo debía conducirse la rebelión contra los romanos. El apelativo «Iscariote» tiene diferentes lecturas, pues mientras para unos el término procedía de la voz romana *sicarius*, es decir, portador de la *sica*, un asesino, un criminal, para otros era una derivación del término semítico *skariot,* que significa «entregar». Si así fuera, el apodo se le habría dado posteriormente, debido a su traición y «entrega» de Jesús a los soldados romanos en el huerto de Getsemaní. También cabe la posibilidad, como apunta Renan, de que su apodo procediese de la localidad de donde era natural, Keriot, en el extremo más meridional de Judea, no lejos de Hebrón. Su papel como tesorero del grupo y como zelote avezado le confiere un papel muy importante —al contrario de lo que suele creerse vulgarmente— entre el grupo de los apóstoles.

Es posible —son muchas las conjeturas que se presentan en la historia de Jesús— que el hecho de que en los Evangelios se sitúe a Judas Iscariote en último lugar, no fuera más que una argucia para hacerlo pasar desapercibido. En todo caso, su intervención durante los últimos días de la vida del Maestro, su posible entrega a las autoridades religiosas —a la vista de que el movimiento había fracasado—, no se halla del todo muy aclarado.

El hombre de las dos llaves

¿Y qué decir, por último, del que siempre apareció como elemento más importante, como la indiscutible piedra angular, como el hombre escogido por Jesús para ser su lugarteniente? ¿Qué se puede afirmar de ese otro Simón al que solían llamar «Kefá», la piedra, y al que Jesús —según nos cuenta en exclusiva Mateo—, acordándose posiblemente de su apodo, dijo: «Tú eres Pedro, y sobre esta piedra edificaré mi Iglesia»? Pues, si nos atenemos a las apariencias, no mucho. En principio, tenía todas las trazas de un simple aldeano, muy probablemente esenio, al que su sencillez, calidad humana y fortaleza moral —¿vendría tal vez de ahí su apodo de «la piedra»?— lo convirtieron en el hombre de confianza del Maestro. Sin embargo...

Sin embargo, Pedro, el hombre de las dos llaves, aquel en quien el Maestro depositó toda su confianza, guarda algunos secretos pese a su aparente simpleza. Entre los pergaminos encontrados en Nag Hammadi figura un *Apocalipsis de Pedro* que constituyó un texto muy apreciado por una secta gnóstica: los docetas. El docetismo surgió entre las primeras comunidades cristianas que afirmaban que Jesús nunca tuvo naturaleza humana. Al ser esto así, nunca había nacido, enseñado, sufrido pasión alguna, muerto y resucitado. Entre estos docetas destaca la figura de Marción, escritor y teólogo griego repetidamente excomulgado por la naciente Iglesia.

Marción fundó hacia el año 150 un movimiento religioso, secta o nueva iglesia que se difundió fundamentalmente por

Oriente y que tuvo vigencia hasta bien entrado el siglo v. Entre las obras escritas por Marción figura una, la *Antítesis*, en la que, como su título indica, se hace referencia a las contradicciones entre el Antiguo y el Nuevo Testamento. Para Marción, existía una contraposición entre el Dios bueno que vive en el cielo supremo y un Dios de categoría inferior que sería el creador del mundo. Por último, diremos que Marción, como insigne miembro del docetismo, niega no solamente el sufrimiento y muerte de Jesús, sino también su nacimiento humano.

Pero ¿qué tiene que ver el apóstol Pedro con todo esto? Pues mucho, porque al concederle los docetas tanta importancia como portador de «las dos llaves», lo hacían un emblema de la apertura y la conexión de los dos mundos, el superior y el inferior. Se convertía así en el intermediario perfecto para llegar a la iniciación hermética. Mediante la figura del apóstol Pedro, Jesús manifestaba un concepto que tenía sus raíces en el pensamiento esenio y se vinculaba de forma más directa todavía con el gnosticismo. Nada tiene de extraño que para los templarios, la figura de Pedro resultase muy significativa por su simbolismo y le dedicasen no pocas de sus iglesias.

Recapitulemos: los apóstoles, los elegidos, los miembros del consejo rector del equipo de Jesús, no parecen ser en modo alguno un grupo de pobres hombres, de sencillos pescadores y aldeanos que se agruparan en torno al Maestro subyugados por el carisma que este poseía —que sin duda era notable—, ni por algunos hechos más o menos sorprendentes que pudieron verle realizar. Hay demasiados datos que no confirman una hipótesis de esta índole. Por el contrario, muy bien pudiera ser un grupo bastante adiestrado que tuviera puestas sus miras en un objetivo concreto, una meta que poco tenía de celestial y ultramundana: la modificación del estatus político y social vigente en Palestina mediante la utilización de la fuerza, si ello fuera necesario. Unos con un grado de fe mayor que otros creían que Jesús podía ser el Mesías, el nuevo rey de los judíos. Eran hombres eminentemente prácticos, por lo que se puede ver, que buscaban al personaje que los liberase del yugo extranjero. Su desconcierto ante el, para ellos, imprevisto y dramático final tuvo que ser inmenso. Todo se vino abajo con la muerte del Maestro. A partir de ese momento lo más recomendable sería dispersarse, pasar desapercibidos.

La Orden del Temple no dio muestras de profesar gran simpatía —y menos aún, devoción— por la mayoría de los apóstoles. Entre los muchos templos y numerosas catedrales que se construyeron con su apoyo y se mantuvieron bajo su tutela, la mayoría bajo la advocación de Nuestra Señora —veremos más adelante qué personaje femenino podía ser este, en realidad—, pocos son los erigidos a los apóstoles, con la única, y comprensible, excepción de San Juan.

CAPÍTULO VII

El rey montado en un asno

COMO acabamos de ver, los doce apóstoles —recordemos el significado hermético de orden cósmico, de salvación que tiene ese número— esperaban el dichoso momento en que Jesús habría de manifestarse públicamente como descendiente directo de David y nuevo rey de los judíos.

Durante cierto tiempo fueron muchos los que creyeron que el verdadero Mesías, el restaurador de los valores del pueblo judío, el Rey-Salvador, era Juan el Bautista. El mismo Jesús reconoce que «No hay hombre alguno mayor que Juan» (Lucas 7, 28; Mateo 11, 11). Tales elogios se repiten en diferentes ocasiones. Pero la muerte del Bautista hecha por tierra las expectativas que se podían tener con vistas al posible liderazgo del Bautista.

Era necesario, por tanto, buscar un sustituto que presentase auténticas señales de tan necesaria realeza, que ofreciese las imprescindibles garantías para concitar las esperanzas de un pueblo que se ve sometido a la ocupación de una potencia odiosa. Y es entonces cuando se empieza a considerar que esa persona pueda ser Jesús, el rabino de Galilea.

No faltan los pasajes evangélicos en los que la muchedumbre pretende hacer rey a Jesús. Tras el discutible suceso de la multiplicación de los panes y los peces, «Jesús comprendió entonces que pretendían hacerlo rey y se retiró a la montaña», leemos en el Evangelio de Juan. Durante los acontecimientos de los últimos días, los que tienen lugar en el palacio de Pilatos, se hacen patentes las referencias a la realeza de Jesús. La ocasión en que se muestra más evidente este hecho es aquella en la que responde categóricamente a la pregunta del gobernador romano: «Entonces, ¿eres rey?», preguntó Pilatos. Y Jesús le respondió: «Soy rey, como tú dices» (Juan 18, 37).

Es muy probable que todo este proceso empezara a fraguarse cuando los tres extraños personajes que se presentaron en el palacio de Herodes, tras el nacimiento de Jesús, hicieron la famosa pregunta: «¿Dónde está el rey de los judíos recién nacido?». Este hecho, del que solo da cuenta Mateo en su Evangelio, podía tener distintos significados. En todo caso, constituyó la pieza que habría de dar pie a la supuesta matanza de inocentes.

Tanto Mateo como Marcos relatan en sus respectivos Evangelios que en el transcurso de los preparativos que tuvieron lugar en Betania, una semana antes de que se celebrara la Pascua, una mujer a la que se conoce como María de Betania —y a la que no pocos estudiosos identifican con María Magdalena, como luego veremos—, rompió un precioso frasco de alabastro y derramó su contenido de perfume de nardos sobre la cabeza de Jesús. Este perfume era tan valioso y codiciado que su precio superaba en ocasiones al del oro, pues según se decía había que conseguirlo en las lejanas tierras de la India. Las mujeres judías pertenecientes a las clases más elevadas solían disponer de pequeñas cantidades de este costoso aroma que, en ocasiones, acostumbraban llevarlo en diminutas ampollas portadas a modo de colgantes. Lo utilizaban con mucho cuidado y solo en ocasiones sumamente especiales, una de las cuales formaba parte de los ritos funerarios.

Se trataba, por tanto, de un perfume que, además de su valor intrínseco, poseía un gran contenido simbólico. Nada tiene de extraño que los apóstoles se sintieran escandalizados ante semejante derroche: aquella mujer —a la que no debían tener gran simpatía— empleaba todo un frasco de tan preciosa sustancia para derramarla ostentosamente sobre la cabeza del Maestro y ungir sus cabellos. ¿A qué venía aquel dispendio? Fue una reacción a la que Jesús dio, según el testimonio de los evangelistas, cumplida respuesta.

Pero el hecho sustancial es que con aquel gesto de María de Betania se estaba realizando uno de los rituales propios de la unción que se hacía a los reyes antes de ser coronados. Por si eso fuera poco, se buscó una bestia de carga, en este caso un asno, para que Jesús montara en él e hiciese su gloriosa entrada en Jerusalén. El hecho de haber escogido a un animal poco vistoso para un acontecimiento tan notable no hay que verlo como un símbolo de humildad, sino más bien como todo lo contrario. Durante siglos, los reyes de la estirpe de David habían sido coronados montados a lomo de un asno. Con este acto Jesús aceptaba, y proclamaba, su realeza de forma notoria y pública.

Un título peligroso: «Rey de los judíos»

Pocas veces deseó un pueblo tan ardientemente la recuperación de su propia identidad y el restablecimiento de una monarquía que cumpliese con sus pretensiones de nación libre, como lo deseó el pueblo judío en aquel tiempo. Zelotes y esenios, fariseos y pueblo llano clamaban sin cesar por la venida del Mesías, del salvador de Israel. Unos pretendían conseguirlo por la fuerza, otros esperaban pacientemente que se cumpliesen las profecías; pero el deseo de poner fin a aquel lamentable estado de cosas era común a todos.

La aparición pública de Jesús en el escenario de la Palestina que está padeciendo una de las humillaciones más intolerables de su historia representa para muchos un hecho providencial. Tanto el periodo de esclavitud en tierras de Egipto como el del exilio padecido en Babilonia habían concluido con el levantamiento de un líder, de un caudillo que había sabido liberar a su pueblo de la esclavitud. En el caso de Egipto, fue Moisés, en el de Babilonia, Nehemías. ¿Quién liberaría ahora a Israel del poder de Roma? Por si fuera poco ultraje, en las dos ocasiones históricas anteriores, la humillación, la servidumbre, había tenido lugar fuera de Palestina; al presente, sin embargo, el escarnio se vivía en el solar patrio, en la auténtica Tierra Prometida; y no se veían señales de que tal situación pudiera concluir fácilmente.

Aseguran los clásicos que es forzoso obedecer a la necesidad. Si tal máxima es cierta —y tiene todos los visos de serlo—, la tierra de Judá nunca había necesitado tan perentoriamente una solución satisfactoria a sus problemas políticos como entonces. Urgía la llegada de un mesías liberador.

Nada tiene, pues, de particular que el mensaje de Jesús consiguiese movilizar a las masas en determinados momentos de su actuación pública. Eran gentes tan obsesionadas con la llegada de un salvador, que el hombre que diese alguna muestra válida de liderazgo tenía muchas posibilidades de ser aclamado como Mesías. Estando las cosas en ese punto, una figura como la de Jesús tenía todas las de ganar. Los apóstoles y aquellos que estaban más cerca del Maestro lo sabían muy bien, y ansiaban que llegara cuanto antes ese momento del reconocimiento triunfal. ¿Y él? ¿Pretendía él lo mismo?

Los Evangelios, como ya hemos dicho, mencionan en repetidas ocasiones esas referencias a la realeza de Jesús y a su propia convicción de que era rey. «Hijo de David» es una expresión que se puede leer no pocas veces a lo largo de las Escrituras. Hay un pasaje en el Evangelio de San Mateo en el que da muestras de considerarse «hijo de los reyes de la tierra». Nos referimos al episodio del pago de los tributos, en el que de forma bastante explícita sugiere su estirpe real.

A veces, no obstante, parece como si se refiriese a otro tipo de reino. Leemos en el Evangelio de San Juan que durante el diálogo que mantiene con Pilatos manifiesta que «su reino no es de este mundo, porque si lo fuera sus hombres habrían combatido para liberarlo de los judíos». Es una manifestación que no se muestra como argumento muy convincente. Porque con esas palabras da la impresión —y así lo han considerado distintos investigadores— de que se ha equivocado en su misión, ya que no se explica muy bien que él, que en repetidas ocasiones se proclamó descendiente de David, y que como tal intentaba liberar a su pueblo judío de la vergonzosa sumisión a Roma, debiera ser ahora rescatado de ese mismo pueblo que había pretendido liberar.

Es comprensible que los evangelistas, en su afán de encumbrar la figura del Maestro, reiteraran las manifestaciones de su realeza. Pero se tiene la impresión de que Jesús no siempre las apoyaba, de que tan pronto las aceptaba sin recortes como les daba de lado. Sin duda, una de las ocasiones en que acoge más a gusto el clamor popular que lo identifica y ensalza como rey salvador es la de su entrada triunfal en Jerusalén. Los evangelistas se muestran unánimes al relatar este pasaje. Jesús no solo evita hacer el menor gesto para acallar los vítores de la multitud, sino que se enfrenta a aquellos que le aconsejan que lo haga. «¡Maestro, reprende a esta gente!», le dijeron algunos fariseos al ver aquella explosión de alegría popular. «Y él contestó: Os digo que si estos callaran, gritarían las piedras» (Lucas 19, 39). Es evidente que en tales momentos se sentía el auténtico hijo de David, el legítimo pretendiente al trono de Israel. Pero ¿cuánto tiempo va a durar esa euforia popular?

Nubes de tormenta

La entrada triunfal de Jesús en Jerusalén —un episodio de la vida pública del Maestro que debería tener la máxima relevancia— está contada en las Escrituras con tanta parquedad, que se diría que los cuatro evangelistas, de manera unánime, no estaban muy convencidos de que aquellos momentos de gloria pudieran durar mucho. En realidad, los apóstoles, los discípulos elegidos, se movían, como en tantas otras ocasiones, en un terreno sumamente peligroso. Las dudas y las preguntas a que daba pie el comportamiento de Jesús tenían que preocuparlos no poco. ¿Pretendía el Maestro coronarse como rey auténtico de Israel? ¿Estaban ellos dispuestos a secundar esa pretensión? ¿Sería aquel el momento adecuado para llevar a cabo semejante maniobra política? ¿Cuáles serían sus consecuencias?

No parece que hubiera total acuerdo entre los apóstoles. Tengamos presente que si bien algunos de ellos pertenecían de forma más directa que otros al movimiento zelote —caso de Judas y Simón—, otros lo eran menos, y seguían el pensamiento esenio, nada proclive a la confrontación sangrienta. Por otro lado, tampoco hay que olvidar que, pese al entusiasmo popular —fomentado siempre por los propios discípulos y manifestado fundamentalmente por sus seguidores—, la figura de Jesús no era demasiado conocida en Jerusalén. «¿Quién es este?», se preguntaban muchos de los habitantes de la ciudad, según nos cuenta el evangelista Mateo.

En tal estado de ánimo se llega a los días claves de la semana pascual. El episodio del Templo, en el que Jesús muestra su cólera sin la menor contención: «Encontró el Templo lleno de gentes que vendían bueyes, ovejas y palomas, y de cambistas de moneda sentados detrás de sus mesas. Al ver este espectáculo, hizo un látigo con cuerdas y echó fuera del Templo a todos, con sus ovejas y sus bueyes. Tiró también al suelo las monedas de los cambistas y volcó sus mesas» (Juan, 2, 14-16), contribuyó en gran medida para alterar los ánimos de ciertos sectores muy importantes de la población y para preparar el terreno del enfrentamiento a Jesús.

Los «hosannas» —voz aramea equivalente a «¡viva!»— dejaron de oírse definitivamente, aunque tampoco hay que olvidar que los promotores de aquellos gritos de alabanza fueron los propios apóstoles. En su lugar empezaron a escucharse voces más esquivas, y a fraguarse una conspiración contra aquel hombre que, además de presentarse como descendiente legítimo del rey David, decía cosas que sublevaban a cualquiera; cosas como que él podía destruir el Templo y volverlo a construir en tres días. Afirmaciones de tal calibre desdecían de la cordura del Maestro y favorecían los ataques de aquellos que buscaban afanosamente la menor excusa para acabar con él.

Así que, en cuestión de horas, los acontecimientos adquirieron tintes muy negros. Los discípulos pronto se dieron cuenta de que no iban a recibir el apoyo popular que esperaban y que resultaba imprescindible para sus propósitos. Sin duda, Jesús también se dio cuenta de ello y comprendió que la pretensión de su reconocimiento como Mesías no iba a realizarse. Muy por el contrario, en cualquier momento podía producirse una situación irreparable. En su Evangelio, Marcos nos prepara ya para una posible tragedia al confesarnos que los escribas y los sacerdotes buscaban la forma de prender al Maestro y lograr su muerte. Y si estas clases sacerdotales se proponían la destrucción de Jesús, había muy pocas probabilidades de impedirlo. El sueño de unir al pueblo para levantarse contra el ocupador romano y restablecer en Palestina el linaje de David no se conseguiría en la presente ocasión de ninguna de las maneras. Probablemente, los discípulos esenios se conformaron con esta realidad; los zelotes, entre los que se encontraba Judas, iban a rebelarse a su manera contra el inminente fracaso.

Los prolegómenos de la Pasión

La cena pascual marca el inicio del drama. A estas alturas está claro que Jesús es consciente de que quizá le espera un futuro muy desgraciado: la prisión, tal vez la muerte. Se ha enfrentado en diferentes ocasiones a las clases dirigentes; ha afirmado públicamente su procedencia y linaje reales. Por último, se ha rodeado de un grupo de personas entre las cuales hay elementos muy subversivos. Tiene muchos factores en su contra, y él lo sabe.

Los evangelistas Marcos y Lucas nos hablan de que la cena pascual —la llamada Última Cena— tuvo lugar en una estancia amplia, dispuesta en un piso alto, que estaba preparada de antemano para esa celebración. Son tan parecidos sus relatos sobre este detalle que se diría que Lucas lo copió de su compañero. (Aunque ya dijimos en su momento que las interpolaciones de los posteriores escribas cristianos muy bien pudieron alterar los detalles de este y de otros episodios evangélicos.)

Las palabras con las que Jesús envía a los discípulos para que preparen esa sala del banquete pascual tienen asimismo las características de un cuento oriental: «Y envió a dos de sus discípulos y les dijo: "Id a la ciudad y os saldrá al encuentro un hombre llevando un cántaro de agua: seguidlo, y allí donde él entre diréis al dueño de la casa: 'El Maestro dice: ¿Cuál es la estancia en donde voy a celebrar la Pascua con mis discípulos?'. Y él os mostrará en el piso de arriba una sala amplia, ya dispuesta y arreglada. Preparadlo todo allí para nosotros. Los discípulos salieron y fueron a la ciudad, donde encontraron las cosas tal como Jesús les había dicho. Y prepararon la Pascua"» (Marcos, 14, 13-16; Lucas 22, 10-12).

Ante semejantes facilidades, uno no deja de sorprenderse, pensando en lo difícil —por no decir imposible— de encontrar una estancia libre, cómoda «y ya preparada en el piso superior» en una ciudad como Jerusalén, que tenía que estar abarrotada de visitantes llegados de todas partes para celebrar la Pascua.

Haremos aquí un paréntesis para comentar que en los anteriormente mencionados documentos de Qumrán hay un manuscrito, *La Regla de la Comunidad,* en el que se habla de la famosa Última Cena, acontecimiento que tiene el significado simbólico de una especie de banquete mesiánico. Sin embargo, esta cena comunal, o ágape, que formaba parte del ritual esenio, no tenía por qué celebrarse simultáneamente con la Pascua judía.

Otro punto digno de destacarse sobre este episodio de la Última Cena es el comentario que hace Flavio Josefo al referirse a las prácticas de los esenios, unas costumbres que conocía muy bien. Dice el historiador, en su obra *Sobre la antigüedad de los judíos,* que los esenios no celebraban las fiestas que eran tradicionales en Jerusalén, entre las que se encontraba la Pascua. Además, y a partir de mediados del siglo II a. de C., fecha en la que los «puros», los *hasidim*, abandonaron Jerusalén por las razones que en su momento se mencionaron, empezaron a llamar «Jerusalén» a su emplazamiento de Qumrán, para simbolizar de este modo que ese lugar era la auténtica y nueva ciudad sagrada. Nada querían tener en común con la sociedad judía de la que habían desertado voluntariamente.

Pero volvamos de nuevo a esa cena pascual que tanto significado tuvo después para la naciente Iglesia, y que constituye el inicio de una serie de dramáticos acontecimientos en la vida del Maestro.

La cena pascual

Nos dice Juan en su Evangelio que ya era de noche cuando Judas Iscariote, el discípulo más significado entre el grupo de zelotes que rodeaban a Jesús, abandonó la sala en que tenía lugar la cena para llevar a cabo la traición que había proyectado, pues «Satanás había entrado en su cuerpo».

A partir de ese momento los hechos contados por los cuatro evangelistas no concuerdan, y se produce una considerable confusión en la cronología de los acontecimientos. Queda claro, sin embargo, que el Maestro estaba al tanto de que sería Judas el que había de consumar la traición; incluso no duda en urgirlo para que no la retrase, al recomendarle que «lo que vas a hacer, date prisa en hacerlo». Entonces Judas abandona la sala en la que se está celebrando la cena. Los compañeros piensan que esa salida tiene por motivo un posible pago de los gastos ocasionados, o bien que se va para repartir limosnas entre los necesitados. La ingenuidad de algunos discípulos permite pensar que así lo supusieron; pero otros deberían estar al tanto de lo que se dispone a hacer, porque no en vano Jesús les había advertido previamente que aquel a quien ofreciese el pedazo de pan mojado en la salsa del plato o en el vino de la copa —la cosa nunca estuvo muy clara—, ese sería el discípulo que lo traicionaría.

Pero como hacen notar algunos investigadores, tanto la salida de Judas como la posterior de Jesús con sus discípulos camino del lugar conocido como «Huerto de los Olivos» —huerto, monte o espacio abierto, que también pudiera tratarse de un antiguo monasterio del Qumrán—, es un hecho poco probable, teniendo en cuenta las circunstancias que se daban en esa noche.

En efecto, las prescripciones religiosas que figuran en el Éxodo establecían que quedaba prohibido abandonar el lugar en el que se había celebrado la cena pascual hasta la mañana del día siguiente. Por si esto fuera poco, es lógico pensar que en una noche como aquella habría una vigilancia extrema por parte de las patrullas de legionarios romanos que no dejarían de recorrer las calles de Jerusalén con objeto de evitar que se produjera el menor altercado. Roma se fiaba muy poco del carácter levantisco de los judíos, y temía, no sin razón, que aprovecharan cualquier ocasión para hacer un motín. Esa noche, pese a su carácter sagrado, podía ser una fecha conflictiva. Es lógico pensar que el control se hubiera incrementado. Además, los soldados sabían reconocer muy bien quién era judío y quién no. Y un grupo de personas tan numeroso como el que formaban Jesús con sus discípulos no podría pasar desapercibido. La salida inmediata hacia el Huerto de los Olivos no parece, pues, un hecho muy probable.

CAPÍTULO VIII

Las sombras de Getsemaní

A partir de lo sucedido durante la cena, los acontecimientos empiezan a experimentar una notable confusión. ¿Qué sucedió realmente en Getsemaní? Vamos a intentar ceñirnos básicamente a lo que dicen las Escrituras, si bien es obligado reconocer las diferencias y contradicciones existentes entre los Evangelios sinópticos y el de San Juan.

Getsemaní era un pequeño huerto que se hallaba al este de Jerusalén, en la falda del llamado Monte de los Olivos. En el Evangelio de San Juan leemos que el mencionado huerto se encontraba «al otro lado del torrente Cedrón», y que era un lugar al que Jesús solía acudir, cosa que también cita Lucas. El hecho de que fuera un paraje frecuentado por el Maestro, posiblemente para retirarse a él en sus momentos de meditación, sirve de argumento a los estudiosos que consideran que se trataba de un antiguo monasterio esenio al que Jesús solía acudir.

Sea como fuere, el caso es que, llegados al lugar, Jesús se apartó del grupo de sus discípulos para entregarse a la oración. Es seguro que a estas alturas no albergaba muchas dudas de cuál iba a ser su destino. Imaginaba las intenciones de Judas y suponía lo que estaría tramando. Era muy probable que aquel apóstol estuviera organizando su estrategia, tras comprobar cómo el Maestro en el que había puesto tantas esperanzas —al igual que muchos zelotes—, y del que esperaba que fuera el futuro Mesías y liberador del pueblo judío, perdía toda su influencia sobre las masas y fracasaba en su intento independentista.

En esos momentos, la angustia que sintió Jesús debió ser extrema. Había predicho durante la cena que, llegado el momento crucial, los discípulos más allegados, incluso Pedro, lo negarían. Sabía que ya no podía contar con nadie. Inmerso en pensamientos muy dolorosos: «Me ha invadido una tristeza de muerte, quedaos aquí y velad conmigo» —aseguran los evangelistas que les dijo—, se alejó de ellos para meditar y orar.

No obstante, poco caso le hicieron ya los discípulos, que pronto se quedaron dormidos y a los que tuvo que despertar una y otra vez: «¿Ni siquiera habéis podido velar una hora conmigo? Velad y orad para que no desfallezcáis cuando se acerque la prueba» (Lucas 26, 41) Son instantes de gran dramatismo. Jesús adivina lo que se avecina y pide al Padre celestial que «lo libre de esa copa de amargura».

El desenlace se acerca. Pasada la medianoche hace su aparición Judas con una pequeña tropa. De ningún modo la dirige él; simplemente, se limita a acompañar a los soldados. El delito del que se acusará a Jesús es el de sedición, de levantamiento contra las fuerzas romanas de ocupación; es decir, de rebelión contra el César, contra el Imperio. Por consiguiente, son legionarios romanos los que se han de ocupar del apresamiento del rebelde.

Y puesto que es probable que haya enfrentamiento armado, se considera conveniente enviar una tropa adecuada. El gobernador Pilatos lo tiene muy claro. Por su parte, Jesús había recomendado a los suyos que estuvieran armados; recordemos el consejo, o la orden, que en su momento dio sobre la necesidad de que cada uno tuviera su espada. Seguramente, Judas debió advertir a los romanos de la probabilidad de que se produjese un enfrentamiento. Al parecer, y en vista de que el deseado movimiento liberador ha fracasado, lo mejor es unirse de momento con el poderoso. Y, si es necesario, se forma parte de la pequeña tropa que envía el Sanedrín acompañando a los legionarios romanos, para que quede constancia de que el judaísmo oficial está al lado de las fuerzas de ocupación.

¿Hubo lucha en Getsemaní? Tampoco ese punto queda muy claro en los Evangelios. Sin duda debió haber alguna escaramuza, porque Mateo cuenta que «uno de los que estaban con Jesús desenvainó la espada y, de un golpe, cortó una oreja al criado del Sumo Sacerdote» (Mateo 26, 51). En el Evangelio de Juan, el que ataca al criado es Simón Pedro, y los hechos del apresamiento de Jesús se relatan de manera muy diferente. Incluso se tiene la impresión de que el Maestro utiliza aquí algún tipo de poderes sobrenaturales para curar a los heridos.

Hay un hecho en todo este episodio del apresamiento de Jesús en Getsemaní —hecho mencionado tan solo por Marcos— que se nos hace profundamente extraño. Veamos. Una vez que Jesús decide entregarse y los discípulos lo abandonan y huyen, aparece en escena un muchacho «que, cubierto con solo con una sábana, seguía a Jesús. También quisieron prenderlo; pero él, desprendiéndose de la sábana, huyó desnudo» (Marcos 14, 51-52). ¿Quién era este joven «de la sábana» de cuya identidad ninguno de los evangelistas nos dice una palabra?

Barbara Thiering apunta que este misterioso personaje bien pudiera ser Simón al que apodaban «el zelote», y del que ya hablamos en su momento. Este Simón, encargado directo de la defensa de Jesús, debió sentirse acorralado ante el contingente de fuerzas, las romanas y las judías adicionales, llegadas a Getsemaní y puso pies en polvorosa. Las expresiones de que iba «cubierto con una sábana», «que huyó desnudo», o que era «un muchacho joven» son, a juicio de Thiering, expresiones simbólicas de que había sido destituido de su cargo y convertido simplemente en un mero novicio del movimiento zelote.

El proceso

Las confusiones y contradicciones de los Evangelios se incrementan al tocar el episodio que se refiere al juicio o proceso de Jesús.

En buena lógica, y puesto que el apresamiento del Maestro había sido llevado a cabo por soldados romanos que cumplían órdenes del gobernador Pilatos, Jesús debería haber sido conducido en primer lugar a su presencia. O bien, en el supuesto de que se quisieran respetar ciertas formalidades de protocolo, se lo conduciría ante Herodes Antipas que era en aquel momento el tetrarca de Galilea y Perea. Al fin y al cabo, Herodes era el representante legal del poder en aquellas tierras, poder que había sido acordado con Roma. Por consiguiente, Jesús, como galileo, debería ser llevado ante él. Sin embargo, las cosas no se desarrollaron así.

Según los Evangelios sinópticos, Jesús fue llevado ante el Sumo Sacerdote, cargo que aquel año le correspondía desempeñar a Caifás. San Juan, por el contrario, dice que se condujo al Maestro en primer lugar ante Anás, suegro de Caifás, cosa que no parece tener sentido alguno, porque el papel que podía desempeñar Anás en el proceso y condena del Maestro era irrelevante. Pero sigamos.

En estos momentos los jerarcas del judaísmo ortodoxo y convencional ya tienen su coartada para deshacerse de una figura tan revolucionaria y conflictiva como es Jesús. No obstante, hay que guardar ciertas formalidades. Es necesario que haya una especie de juicio, de proceso en el que se vea palmariamente la culpabilidad de este hombre que dijo ser el Mesías y descendiente de David. Caifás, como Sumo Sacerdote en funciones, convoca al resto de los sacerdotes, escribas y ancianos para juzgarlo. Todos están reunidos; es el Sanedrín en pleno el que va a presenciar el interrogatorio.

Y aquí surge otra pregunta para la que no se encuentra respuesta. ¿Cómo es posible que en plena noche, y en época pascual, pudiera el Sumo Sacerdote reunir a todo el consejo del Sanedrín? ¿Es que, acaso, ya tenían prevista la detención de Jesús? No es muy probable. Una reunión tan importante como esa no podía llevarse a cabo de forma tan fulminante. Por otro lado, ¿no iba contra las prescripciones litúrgicas el mantener reuniones de consejo o juicios antes de que llegara el día?

Todo el episodio referente al prendimiento y proceso del Maestro resulta extraño, irregular, ambiguo y contradictorio.

Por si esto fuera poco, la forma en que se lleva a cabo el juicio —si es que se puede llamarle así— de Jesús ofrece particularidades que rozan planos aberrantes. Parece como si todos, excepto el gobernador Pilatos, estuvieran deseando la muerte de una persona a todas luces inocente y no supieran cómo hacerlo. Y precisamente el que debería estar más interesado en sofocar cualquier posible algarada o sublevación —es decir, el poder militar romano— parece ser el menos interesado en acabar con la vida del revoltoso.

A lo largo de toda esa interminable noche se producen dos hechos en los que inciden los cuatro evangelistas, y a los cuales todos ellos conceden una importancia que no parece justificada. El primero es la insistencia en las negaciones de Simón Pedro; el segundo, menos importante, se refiere a las entradas y salidas de uno de los discípulos, cuyo nombre se nos omite, que parece tener vara alta en la casa del Sumo Sacerdote. ¿Qué pretendían los evangelistas al resaltar con tanto énfasis las repetidas y mentirosas negaciones del «guardián de las llaves»? Y ¿quién era ese discípulo —al que en ningún momento se lo identifica como Judas— al que se le permiten esas libertades en un lugar tan importante como la casa del Sumo Sacerdote? Para la primera pregunta seguimos sin respuesta. La segunda ha tenido diferentes interpretaciones, entre las que merece destacarse la de que el tal sujeto no era otro que el propio Anás, suegro de Caifás.

La condena

Finalmente, tras buscar con insistencia su culpabilidad, se procede a la condena del Maestro. Las autoridades sacerdotales pretenden conseguir la pena máxima para este sedicente que no acata la ortodoxia establecida y que incluso se dice Mesías y descendiente de David. Pero la tarea de encontrar los cargos definitivos que justifiquen una pena capital no se muestra nada fácil; y los interrogatorios en la casa del Sumo Sacerdote Caifás tampoco parecen conducir a buen puerto. Según los evangelistas, los testigos de cargo se contradicen y sus palabras no merecen ser tenidas en cuenta porque «muchos testificaban falsamente contra él y sus testimonios no concordaban» (Marcos 14, 56). La noche se está alargando demasiado y no se está consiguiendo nada. Como Caifás ya empieza a cansarse se decide a hacerle la pregunta definitiva:

—¿Eres tú el Mesías, el Hijo de Dios?

Jesús responde afirmativamente.

«Al oír esto, el Sumo Sacerdote se rasgó las vestiduras en señal de indignación, y exclamó:

—¿Para qué queremos más testimonios? Ya habéis oído su blasfemia» (Mateo 22, 70-71).

Los presentes —que no son otros que los sesudos miembros del Sanedrín— se levantan muy ofendidos por las palabras que acaban de oír y se dedican a escupir y a golpear a Jesús, mofándose de él. La sentencia y la condena ya están resueltas; ahora solo falta dar a la última justo cumplimiento.

Así nos cuentan la escena los evangelistas, y en estos últimos detalles parecen ponerse de acuerdo. Sin embargo, no todos los estudiosos de estos episodios opinan lo mismo. Piensan algunos que la redacción de los Evangelios —como ya hemos comentado en otras ocasiones— sufrió muchas interpolaciones por parte de los escribas cristianos de los primeros siglos. Es posible que los hechos no sucedieran así, y que la autoridad a la que se llevara a Jesús en primer lugar fuera a Herodes o tal vez al gobernador Pilatos, quien, al fin y al cabo, representaba el poder temporal en Palestina. Es muy posible, también, que se quisiera hacer recaer toda la responsabilidad de la condena y muerte del Maestro sobre los judíos, pues no era conveniente responsabilizar a Roma de tal muerte, teniendo en cuenta que ya en el siglo IV el cristianismo es la religión oficial del Imperio.

Pero sigamos, de momento, el relato de los Evangelios. Tras haber logrado la unanimidad de la condena en el Sanedrín, se lleva a Jesús, atado como un reo confeso —ahora, sí—, ante Poncio Pilatos. Ya es entrada la mañana. Según nos dice Juan, como los judíos no querían contaminarse con la impureza del lugar no quisieron entrar en el palacio del gobernador e hicieron que este saliera al atrio. Pilatos preguntó entonces a los dirigentes de los fariseos y a los sacerdotes de qué se acusaba al Maestro.

De nuevo, los evangelistas difieren a la hora de presentar los cargos contra Jesús. Mateo y Marcos nada comentan sobre este punto, limitándose a decir que llevaron al preso atado ante Pilatos, quien le preguntó si era el rey de los judíos. Lucas es el más prolijo y cuenta los cargos que se le imputaron. Aquí los acusadores dan muestra de su clara astucia, pues sabiendo cuáles eran los delitos que más podían pesar ante Roma, dijeron que habían comprobado que Jesús andaba alterando el orden público y que, además, se oponía a que se pagase tributo al emperador. Buen trabajo. Juan, en su Evangelio, afirma que ante la pregunta de Pilatos: «De qué acusáis a este hombre?», respondieron, también con notable sagacidad, que si no fuera un criminal no lo habrían llevado a su presencia.

Una vez más, es Lucas el que nos ofrece detalles sobre este suceso que está teniendo lugar en el atrio del palacio de Pilatos. Por lo que se ve, el gobernador no encuentra que el acusado haya cometido delitos importantes y se muestra remiso a condenarlo. Así que al saber de boca de sus acusadores que Jesús es galileo, encuentra una forma de eludir cualquier responsabilidad: si el reo pertenece a Galilea, que sea Herodes, que como tetrarca tiene jurisdición sobre aquella tierra, quien lo juzgue. De nuevo —y siguiendo siempre el relato de Lucas, porque sus tres compañeros nada dicen al respecto—, se lleva al acusado ante Herodes. Y esto es lo que dice el relato evangélico:

«Herodes se alegró de ver a Jesús, pues había oído hablar mucho de él, y hacía tiempo que quería conocerlo. Además, tenía la esperanza de verlo hacer algún milagro. Por todo ello, preguntó muchas cosas a Jesús, pero él no le contestó ni una sola palabra. También estaban allí los jefes de los sacerdotes y los maestros de la Ley acusando a Jesús con violencia. Por su parte, Herodes, secundado por sus soldados, lo trató con desprecio y se burló de él. Lo vistió con un manto brillante (en otras versiones se lee "con un espléndido manto de rey") y se lo devolvió a Pilatos. Aquel día, Herodes y Pilatos se hicieron amigos, pues hasta aquel momento habían estado enemistados» (Lucas 23, 6-12).

Dos puntos llaman la atención al leer lo que dice el evangelista. En primer lugar, resulta un poco chocante que una persona como Herodes que tenía tantas ganas de conocer a Jesús y que, al parecer, lo consideraba un hombre «con poderes» —ya que esperaba verlo hacer algún milagro allí mismo—, lo despreciase y se burlase de él sin apenas solución de continuidad, únicamente porque el Maestro permanece en un digno silencio ante las preguntas formuladas por el tetrarca, las cuales, sin duda, serían fruto más de la curiosidad que de un sincero interés.

El segundo punto a tener en cuenta en las palabras de Lucas es el que se refiere a ese manto que, como dijimos, en algunas versiones es un magnífico manto real y en otras se define como «un manto brillante»; en todo caso, debió tratarse de una toga de gran precio. ¿Por qué se la mandó poner Herodes? Son muchos los comentaristas que se hacen esta pregunta. El gesto de Herodes podría tener más significado que el de una simple broma. ¿Lo consideraba persona importante, tal vez un jefe rebelde caído en desgracia, o un «Maestro de Verdad» al que había que significar de algún modo?

CAPÍTULO IX

¿Gólgota o Huerto de los Olivos?

FINALMENTE, y tras una serie de escarnios, Jesús es condenado a muerte por la única persona que tiene poder para hacerlo: el gobernador Poncio Pilatos. Antes de dar esa orden que no parece agradarle, ha intentado salvar al preso por diferentes medios.

El más justificado ha sido recordar a estos judíos, tan señalados y observantes de sus propias leyes, que al encontrarse en tiempo de Pascua existe la prerrogativa de liberar a un condenado. ¿Querrían los sacerdotes y miembros del Sanedrín acogerse a esta posibilidad y liberar al «rey de los judíos»? La respuesta de los acusadores es tajante: a Jesús no se le puede indultar. Hay otros presos en las mazmorras, entre los cuales se encuentra un condenado a muerte, un tal Barrabás. Que sea este el liberado, pero nunca Jesús. Pilatos se debe preguntar qué pudo hacer este hombre para que las clases sacerdotales lo odien de tal manera. Pero, dadas las circunstancias, ya no le queda más remedio que ordenar la crucifixión del reo, al que, pese a los cargos que se acumulan contra él, sigue considerando inocente.

¿Quién era Barrabás?

No obstante, surgen ciertas incógnitas al revisar estos acontecimientos. No es un hecho contrastado que existiera la costumbre de liberar un preso en la época de la Pascua judía, ni que fuera Pilatos el que hubiera establecido dicha costumbre. Juan en su Evangelio no menciona para nada ese detalle. Fuera o no así, lo que se aprecia claramente es el deseo que tienen los cuatro evangelistas de que la responsabilidad de la muerte de Jesús recaiga sobre los jefes de los fariseos y los sacerdotes, y nunca sobre el gobernador de Roma.

Por otro lado, ¿quién era este famoso Barrabás, este bandido y sedicioso acusado de asesinato? En el Evangelio de Mateo su nombre completo es *Jesús* Barrabás, aunque en distintas versiones de ese mismo Evangelio los transcriptores o escribas cristianos suprimieran el término Jesús. Barrabás es simplemente la alteración de Bar-Abbas, hijo de Abbas. Este personaje ha sido también sujeto de muchas controversias, y todavía existen grandes lagunas sobre su posible identidad. Los evangelistas lo califican de preso famoso y de hombre que había sido encarcelado por asesinato; o, como dice Marcos: «Un hombre que, junto con otros sediciosos, había cometido asesinatos durante una insurrección». Juan, en su Evangelio, se limita a calificarlo de salteador o de bandido. Ninguno de los evangelistas aporta más detalles de ese hombre, ni tampoco de la insurreción o motin en el que, al parecer, había tomado parte. Y es precisamente en este punto en donde se inician las especulaciones sobre lo que pudo pasar en Palestina durante ese tiempo y sobre la identidad de Bar-Abbas.

En el Evangelio de Juan leemos que Caifás, el Sumo Sacerdote, había dicho tiempo atrás a los componentes del Sanedrín (recordemos al lector, puesto que la ocasión lo requiere, que el Sanedrin era la suprema autoridad administrativa de Palestina. En tiempos de Jesús se hallaba, como es lógico, bajo el control de Roma, pero ello no impedía que siguiera siendo la referencia política más importante para el pueblo judío) que la existencia de Jesús significaba un peligro: «Si fuerais perspicaces, os daríais cuenta de que es preferible que muera un solo hombre por el pueblo a que sea destruida toda la nación», les había dicho entonces. ¿Por qué motivo era necesaria esa muerte?

Flavio Josefo, en su obra *Antigüedades judaicas* hace referencia a una sublevación que los samaritanos habían llevado a cabo contra el poder de las fuerzas romanas de ocupación. Ese levantamiento fue acaudillado por un hombre de gran categoría moral que había logrado convencer al pueblo para recuperar el tesoro sagrado legado por Moisés. La sublevación quedó rápidamente sofocada por las legiones romanas y Pilatos mandó matar entonces a los jefes de la revuelta que habían sido apresados. (Voluntariamente no hemos querido hacer subrayados en este sucinto relato de Josefo. El lector es libre de hacer los que estime oportunos.)

Son muchos los que consideran que Bar-Abbas era un destacado jefe zelote, un caudillo local que ya había intentado en repetidas ocasiones alzarse en armas contra el poder de Roma. Y entre los discípulos de Jesús, ¿no había también miembros reconocidos del movimiento zelote?

Nuevas incógnitas y un incidente en el camino del Gólgota

Tras las dudas, pasiones y suspicacias que genera su condena definitiva, al Maestro solamente le cabe aguardar el momento de su muerte. Se prepara la cruz, instrumento de su suplicio, y la pequeña comitiva se dispone a marchar hacia el lugar en que se habrá de cumplir la sentencia.

Hemos de resaltar aquí un punto. A Jesús se le condena a la crucifixión, que es una de las maneras que los romanos tenían para supliciar a los condenados a muerte; y se le va a ajusticiar de ese modo porque cierto número de judíos, incitados por el Sanedrin, así se lo piden de forma reiterada a Pilatos, según relatan los Evangelios sinópticos. Sin embargo, en diferentes versiones del Evangelio de Juan leemos que Pilatos «entregó a Jesús para que hicieran con él lo que desearan». Si los hechos sucedieron de ese modo, es decir, si Pilatos en ningún momento quiso responsabilizarse de la muerte del

Maestro y prefirió entregarlo a los sacerdotes, la forma judía de dar la muerte a un condenado era la lapidación y no la crucifixión. Un punto a tener en cuenta.

El lugar escogido para llevar a cabo la ejecución es un paraje apartado del centro de la ciudad conocido como Gólgota, término hebreo equivalente al «calvaria» romano, o sea, el «lugar de los cráneos». Ese nombre se le había dado porque su topografía guardaba cierto parecido con un cráneo humano.

Al margen de las dudas surgidas en el transcurso de diferentes trabajos arqueológicos sobre el auténtico emplazamiento en que se pudo llevar a cabo la crucifixión —y todavía más sobre la existencia de la llamada «Vía Dolorosa», que no es otra cosa que una devota invención creada por la Iglesia para estimular la piedad de los peregrinos—, lo que importa aquí es el episodio del encuentro con Simón de Cirene.

Tanto Mateo como Marcos y Lucas mencionan a este hombre, a este enigmático individuo que volvía de sus labores en el campo y al que hicieron cargar con el travesaño de la cruz, ya que Jesús carecía de fuerzas para ello.

Sin embargo, resulta muy sorprendente que tres evangelistas citen al tal Simón de Cirene —Marcos incluso añade el detalle, aparentemente innecesario, de que era el padre de dos muchachos, Alejandro y Rufo—, y por el contrario, el cuarto, Juan, que estuvo presente en el suplicio del Calvario y que, por consiguiente, debería estar mejor informado que sus compañeros de cuanto sucedió en esos momentos, no mencione para nada al misterioso sujeto.

La aparición de este Simón de Cirene ha dado lugar a muy variadas hipótesis, algunas de las cuales resultan decisivas a la hora de confirmar el episodio de la crucifixión del Maestro.

Entre los manuscritos descubiertos en Nag Hammadi figura un texto muy interesante que lleva por título *El segundo tratado del gran Seth*. Se trata de un texto gnóstico de los primeros siglos del cristianismo en el que, entre otras cosas, se mencionan las palabras de Jesús explicando que en realidad no fue él quien murió en la cruz, sino otra persona: «En cuanto a mi muerte, para ellos fue real, pues la vieron cegados por su propia incomprensión».

Estas palabras —estos hechos posibles— fueron determinantes para los templarios a la hora de aceptar la auténtica personalidad de Jesús. Indiscutiblemente, nunca pudieron conocer *este* manuscrito copto hallado más de seis siglos después de su condena por Felipe IV de Francia, pero el contenido de estos escritos, como el de tantos otros, muy bien pudo ser conocido por los jefes de la orden a través de diferentes versiones orales o escritas.

En cualquier caso, hay autores que afirman la posibilidad de que Simón de Cirene sustituyera a alguno de los tres ajusticiados en el Gólgota. (En el supuesto de que hubiera sido ese lugar el enclave en el que se llevara a cabo la ejecución del Maestro.) Otros investigadores, basándose tal vez en textos apócrifos, no dudan en afirmar que la persona a la que sustituyó Simón de Cirene fue el propio Jesús.

CAPÍTULO X

¿Muerte y resurrección?

L LEGAMOS al punto culminante y más dramático de la vida del Maestro: su crucifixión.

Los tres evangelistas, Mateo, Marcos y Lucas, se limitan a decir que llevaron a Jesús a un lugar llamado Gólgota. Juan, un poco más preciso, dice que ese lugar estaba fuera de la ciudad. Ninguno de los cuatro sitúa el paraje en un promontorio o colina, como posteriormente la tradición ha querido ver el lugar del suplicio.

El autor de la Epístola a los Hebreos hace algunos comentarios sobre el lugar al que se llevó a Jesús. Se trataba de un punto que estaba «fuera de la puerta» y «fuera del campamento». Estas expresiones hacen referencia a parajes impuros en los que se quemaban los restos de animales. Por otro lado, en los manuscritos del mar Muerto se puede leer que constituía igualmente un acto impuro caminar sobre zonas en las que se hubieran efectuado enterramientos. Por tal motivo, y para que se pudiera identificar claramente la situación de las tumbas, se las señalizaba con una calavera. Gólgota es, pues, «el lugar de la calavera»; se trata sencillamente de un cementerio y de ningún otro sitio más o menos representativo, como inventó posteriormente la tradición cristiana. Pero sigamos el proceso de la muerte del Maestro según lo relatan los Evangelios sinópticos, ya que el de Juan —el único apóstol que estaba presente, según se afirma en su propio Evangelio— difiere u omite no pocos detalles de esos cruciales momentos.

Bebidas sospechosas y un lanzazo improbable

Jesús está clavado en esos maderos en forma de T, de tau griega, con los pies apoyados sobre un travesaño y a escasos palmos del suelo. A su lado están colgados «dos ladrones» o «criminales», según los califican Mateo, Marcos y Lucas. Son algo más de las nueve de una mañana oscura. Todo —la cena, el prendimiento, el proceso y la condena— se ha desarrollado con gran rapidez, casi de forma vertiginosa. A Jesús, según nos cuentan únicamente Mateo y Marcos, se le ofrece una bebida que tiene poder anestésico: vino con mirra. Es, dentro de lo que cabe, un acto humanitario, pues con ello se pretende ahorrar mayores sufrimientos al condenado. Jesús prueba esa poción y, según dicen los evangelistas, la la rechaza. ¿Fue así realmente?

Con posterioridad, y ya clavado en el madero, se le volverá a ofrecer una esponja empapada en agua y vinagre cuando manifiesta tener sed, de acuerdo también con lo que nos dice el Evangelio de Juan. Se trata en esta ocasión de un brebaje clásico de los soldados romanos: la llamada *posca* que solían llevar siempre consigo. Nada tiene por consiguiente de burla el gesto de acercarle la esponja para que pudiera beber. De hecho, con tal acto se podía incluso facilitar la muerte del condenado, pues al ingerir un líquido el condenado, que se hallaba colocado en una postura sumamente violenta, sufría un colapso mortal. Los evangelistas también debieron pensarlo así, porque unen esta última bebida con la inmediata muerte del Maestro.

Eran ya cerca de las tres de la tarde del viernes. El día siguiente, sábado de Pascua, era una fecha señalada para los judíos. En ella, según se especifica en la Ley mosaica, no debía de estar a la vista ningún cadáver de ajusticiado. El Evangelio de Juan nos dice que, teniendo tal circunstancia en cuenta, los judíos fueron a Pilatos para pedirle que acelerara la muerte de los condenados. La forma clásica de hacerlo en estos casos era fracturarles las piernas; el cuerpo carecía entonces de apoyo, los pulmones se comprimían y se producía la muerte por asfixia. Los legionarios romanos que conocían bien este sistema, el *crurifragium* o fractura de piernas, lo aplicaron entonces a los dos condenados que acompañaban a Jesús; pero al acercarse a este vieron que ya había expirado (o que muy bien podía encontrarse en estado inconsciente). «Uno de los soldados, sin embargo, le abrió el costado de una lanzada, y al punto brotó de él sangre y agua», nos cuenta el Evangelio de Juan. Y para que no quede duda alguna del hecho, añade: «El que narra estas cosas fue testigo de ellas, y os las cuenta para que vosotros también creáis. Porque esto ocurrió para que se cumpliese la Escritura». Indiscutiblemente, el evangelista tiene un gran interés en adecuar la muerte de Jesús a lo que se dice en el Antiguo Testamento. Es muy llamativo, no obstante, que el resto de sus compañeros no hagan el menor comentario de este hecho.

El enterramiento

Jesús, el Mesías, el Hijo de Dios, ha muerto, según afirman los Evangelios. Una muerte en la que la Orden del Temple, en sus estamentos más elevados, nunca creyó; porque, como veremos en su momento, siempre tuvo la convicción de que el Jesús que padeció el suplicio y la muerte en la cruz no era el auténtico Mesías. Otros, por el contrario, pensaron que sí lo era, pero que nunca llegó a morir en esa cruz oprobiosa, pues fue salvado en el último momento gracias a la intervención, poco clara, de algunos de sus seguidores. Pero continuemos, de momento, con el relato evangélico.

Aparecen ahora en escena dos personajes que darán mucho que hablar: José de Arimatea y Nicodemo. «Al atardecer llegó un hombre rico llamado José, natural de Arimatea, que se contaba también entre los seguidores de Jesús» (Mateo 27, 57). Los otros tres evangelistas están de acuerdo, aunque con ciertas matizaciones. Al parecer, este José pertenecía al Sanedrín y había ocultado hasta el momento sus simpatías por Jesús, porque si bien seguía las enseñanzas del Maestro no quería que tal cosa se supiera.

José de Arimatea, siempre según el relato evangélico, se presentó ante Pilatos y le pidió el cuerpo de Jesús. El gobernador romano, sorprendido de que el hombre que siempre consideró inocente ya hubiera muerto —cuando lo normal sería que su agonía se hubiese prolongado durante muchas más horas o incluso días—, mandó llamar al centurión encargado de la ejecución de Jesús y, al oír de labios de aquel que efectivamente el condenado había muerto, concedió al punto lo que se le pedía. ¿Qué influencia podría tener este José de Arimatea para que Pilatos accediese tan rápidamente a su petición? ¿Quién era en realidad este hombre del que los evangelistas no han hablado hasta el momento?

El nombre de José puede tener un valor meramente simbólico, tanto en esta ocasión como en muchas otras de las Escrituras, ya se trate de textos canónicos como de apócrifos. Según Barbara Thiering, investigadora ya citada, el nombre de «José» era un apelativo patriarcal que se aplicaba al segundo varón en la sucesión del linaje del rey David. Para otros estudiosos, podía tratarse de que este José de Arimatea fuera un hermano de Jesús. Fuese como fuese, el caso es que estamos hablando de un hombre influyente en los dos ámbitos: el judío y el romano.

Los evangelistas coinciden, al relatar los hechos de la muerte de Jesús, en que José de Arimatea envolvió el cuerpo en un lienzo o sábana y lo depositó en el sepulcro. Un sepulcro que pertenecía a su familia y que, por lógica, tenía que estar muy cerca del lugar de la crucifixión, pues según nos dice a su vez Juan en su Evangelio, entre José y Nicodemo —este evangelista incluye a Nicodemo en el relato— se llevaron el cuerpo de Jesús a un huerto que estaba cerca del lugar en donde había sido crucificado. En ese huerto se hallaba un sepulcro nuevo en el que nadie había sido sepultado. «Y como el sepulcro estaba cerca y les corría prisa preparar

la fiesta del día siguiente, depositaron allí el cuerpo de Jesús»
(Juan 19, 42).

Como podemos ver, todo se hizo demasiado apresurada-
mente; y, una vez más, el relato de lo acaecido es breve y algo
confuso. Porque si bien todos los evangelistas están de acuerdo
en que fue José de Arimatea el que envolvió el cuerpo del
Maestro, solo Juan refiere la llegada de Nicodemo, que aportó
una gran cantidad de mirra y áloe. Por lo demás, ni Lucas ni
Juan citan el hecho de que José pusiera una gran losa a la entrada de la tumba; y, sin embargo, la presencia de las mujeres,
María y María Magdalena, es mencionada por tres de los evangelistas.

El misterio del sepulcro vacío

Tanto los discípulos como las mujeres dejaron pasar el día
sábado, el de la gran fiesta pascual, y esperaron al domingo
para ir nuevamente al sepulcro. De ese sábado apenas si sabemos nada, porque tres de los evangelistas lo pasan enteramente
por alto. Se trata, sin embargo, de una fecha de gran importancia, ya que en ella se debió preparar todo cuanto aconteció
después.

Mateo, refiriéndose al sábado, último día de la semana judía, dice que los jefes del consejo de los Ancianos fueron a en-
trevistarse con Pilatos para pedirle que pusiera vigilancia en el
sepulcro, «pues nos hemos acordado de que aquel embau-
cador afirmó cuando aún vivía que resucitaría al tercer día».
Pilatos, que ya debía sentirse un poco hastiado de tantas peti-
ciones de los jerarcas judíos, les permitió que llevaran unos
soldados para que custodiaran el sepulcro. Este es un detalle
del cual el resto de los evangelistas no hacen la menor mención.

Llegada la mañana del domingo, María Magdalena, María
la madre de Santiago y Salomé, según nos dice el Evangelio de
Marcos, quisieron volver a la tumba del Maestro muy tem-
prano, a la salida del sol, con objeto de embalsamar debida-

mente su cuerpo, para lo cual habían comprado perfumes y esencias. (Téngase presente que, según Juan, la única mujer que se acercó al sepulcro fue María Magdalena.)

Por el camino las mujeres iban preguntándose quién les apartaría la losa de entrada a la tumba, pues, a su juicio, se trataba de una piedra muy pesada que ellas solas no podrían mover. Sin embargo, no iban a tener problema alguno, porque cuando llegaron a la tumba la losa había sido movida y la entrada estaba abierta. Su sorpresa debió ser inmensa al comprobar que el sepulcro se hallaba completamente vacío. ¿Quién habría cometido la grave falta de mover aquella losa en una fecha tan señalada como el sábado, en el que estaba prohibido realizar una cosa así? Y además, ¿quién había sustraído el cuerpo del Maestro, y adónde habría sido llevado?

Es Mateo, por lo general bastante parco en la descripción de los detalles, el que da una versión más poética —y más fantástica también— de la llegada de las mujeres al sepulcro. «Pasada la jornada festiva, cuando ya despuntaba el primer día de la semana, María Magdalena y la otra María fueron a ver el sepulcro. De pronto se produjo un fuerte terremoto, pues un ángel del Señor, que había bajado del cielo, se acercó al sepulcro, removió la piedra que cerraba la entrada y se sentó en ella. Resplandecía como un relámpago y sus vestiduras eran blancas como la nieve» (Mateo 28, 1-3). Lucas nos cuenta que, en vez de un ángel, «había dos hombres». Juan no menciona a ninguno. De nuevo, los evangelistas no se ponen de acuerdo sobre un punto tan importante como este.

Uno de los eruditos que trabajaron con los manuscritos esenios del Qumrán, el profesor H. J. Schonfield, afirma que «se ha alegado que existía un plan para salvar a Jesús, a través de José de Arimatea y los suyos». De acuerdo con este plan, el Maestro, que de ningún modo habría muerto en la cruz, sería llevado por José de Arimatea al sepulcro con la intención de que pasara allí la noche del viernes al sábado. Puesto el Maestro a buen recaudo, se trataría de hacerle una cura de emergencia de las heridas producidas durante la pasión, manteniéndolo en un lugar adecuado como era aquel sepulcro que estaba por encima del nivel del suelo y se encontraba bien ventilado. Se tenía que impedir a todo trance que el cuerpo de Jesús inconsciente fuese enterrado, pues en ese caso su muerte sería inevitable.

En el supuesto de que tal teoría fuese cierta, «José y los suyos», una vez realizada las primeras curas, se habrían llevado al Maestro a un lugar más seguro. Así las cosas, los hombres vestidos de blanco o «el ángel resplandeciente» con que se encontraron las mujeres en la mañana del domingo, según los evangelistas, no serían más que unos enviados esenios que deseaban informar a las mujeres de que el cuerpo de Jesús había sido llevado a otra parte. Recordemos que los esenios eran expertos en el uso de tratamientos médicos, y muy bien hubieran podido encargarse del restablecimiento de un cuerpo como el de Jesús que, al fin y al cabo, no había estado colgado del madero más que unas pocas horas.

Surgen nuevos interrogantes

La desaparición del cuerpo de Jesús da pie a una cadena de preguntas de difícil, o imposible, respuesta. ¿Lograron los esenios —en el supuesto de que hubieran sido ellos— curar las graves heridas del Maestro? ¿Recuperó este su total lucidez mental? En el caso de que tal cosa hubiera sido posible, ¿serían auténticas las apariciones que hizo posteriormente ante sus discípulos? Teniendo en cuenta el peligro que en el futuro correría su vida y la de sus más próximos familiares, ¿habrían abandonado Jesús, o lo habrían llevado definitivamente fuera de Palestina?

Los comentarios de los evangelistas tras el enterramiento del Maestro son reducidos. Mateo es sin lugar a dudas el más parco de todos. Se limita a reflejar el mensaje que Jesús dio a las mujeres cuando apareció ante ellas: «Decid a mis hermanos que se dirijan a Galilea, allí podrán verme». Observemos

que Jesús emplea claramente aquí la expresión «mis hermanos», no mis apóstoles o seguidores. Los discípulos obedecie-
ron este mandato, fueron a Galilea, vieron a Jesús en un monte
no especificado y recibieron su último mensaje. Marcos dice
que a la primera persona que se apareció fue a María Magdalena; después hizo acto de presencia ante los apóstoles, que en
esta ocasión no se encontraban en ningún monte de Galilea,
sino que «estaban sentados a la mesa», sin aclarar tampoco en
dónde. Lucas es más explícito y comenta con algún detalle la
aparición del Maestro a dos de los discípulos que iban camino
de una aldea llamada Emaús.

Por último, está el Evangelio de Juan. Aquí los hechos se
cuentan de manera más pormenorizada. De nuevo es María
Magdalena la escogida por el Maestro para su primera aparición, antes de presentarse a los demás. Jesús mantiene con la
mujer un breve diálogo en el transcurso del cual deja que lo
toque. «No me retengas», le dice en algunas versiones de este
Evangelio, «porque todavía no he ido a mi Padre». Se aprecian
en este encuentro atisbos de una delicada relación entre el
Maestro y María. Posteriormente se aparece a los demás que
estaban reunidos «en una casa con las puertas bien cerradas,
por temor a los judíos». A esa reunión falta Tomás «el gemelo», a quien Jesús habrá de demostrar de forma palmaria
su realidad corporal.

El evangelista se extiende contándonos nuevas apariciones del Maestro en el lago Tiberíades, y concluye su relato
con unas palabras que resultan sorprendentes y enigmáticas:
«Este es el discípulo que atestigua estas cosas y las ha escrito.
Y nosotros sabemos que dice la verdad (la cursiva es mía). Hay
otras muchas cosas que hizo Jesús; tantas que si se escribieran una por una, creo que el mismo mundo no podría conte-
ner los libros escritos». ¿Quiénes son estos «nosotros»? ¿Por
qué ese énfasis en asegurar que lo referido es verdad?

Nada más nos cuentan los Evangelios sobre el episodio de
la resurrección del Maestro, que concluye su estancia terrenal
alejándose de los discípulos para siempre en una extraña «as-

censión al cielo». Ascensión que queda totalmente ignorada por el último de los evangelistas: Juan.

Aquí podríamos poner punto final a esta Primera Parte de nuestra obra referida al Maestro Jesús. Pero hay dos puntos que presentan tal interés en esta historia que no podemos dejarlos pasar por alto. El primero se refiere a esa mujer, hasta cierto punto enigmática, por la que Jesús muestra una destacada preferencia: María Magdalena. Un personaje que, al mismo tiempo, parece haber sido muy significativo para la Orden del Temple. El segundo tiene que ver con un texto, cuya interpretación abre el camino a múltiples teorías: el *Evangelio de Tomás*. A estos puntos tan enigmáticos vamos a dedicar los dos últimos capítulos de esta Primera Parte.

CAPÍTULO XI

Una mujer singular:
María Magdalena

DE todas las mujeres —«las santas mujeres»— que aparecen en los Evangelios, ora acompañando simplemente a Jesús, ora haciendo patente su presencia en algún acto o ceremonia de relieve, es con mucho María de Magdala, la comúnmente conocida como María Magdalena, la que ha generado un mayor interés y creado un mundo de teorías por su estrecha relación con el Maestro.

Laurence Gardner, experto en linajes y genealogías poco aclaradas, afirma, coincidiendo con otros investigadores del tema, que María Magdalena murió a una edad avanzada en el año 63 de nuestra era, en una pequeña localidad de la Francia meridional, Saint Baume, adonde había llevado la «sangre real» del linaje de Jesús desde Palestina. Esta sorprendente afirmación es tan solo una leyenda que tuvo cierta notoriedad durante la Edad Media y de la que, como es natural, se carece de datos históricos. Pero muchas leyendas, como muchos mitos, tienen unas raíces que no se deben relegar.

Investigaciones recientes tratan de aclarar si esta mujer fue la misma que aquella María de Betania, hermana de Marta y de Lázaro, mencionada en dos de los Evangelios: el de Lucas y el de Juan. Aquel nos dice que María se sentaba a los pies del Maestro para escuchar ávidamente lo que él decía, mientras su hermana, la hacendosa Marta, no paraba de ir de acá para allá ocupándose de los invitados. Se piensa que también pudo ser la misma persona que la que ungió con esencia de nardo la cabeza del Maestro pocos días antes de que hiciese su última entrada en Jerusalén. Y todavía hay autores que piensan que ambas son la mujer adúltera, aquella a la que perdonó Jesús en un hermoso pasaje del Evangelio de Juan.

Esta María Magdalena es la figura femenina que adquiere mayor relevancia en los Evangelios. Como ya hemos visto, la relación que mantenía con el Maestro —y nos atenemos exclusivamente a lo que dicen los evangelistas— era muy cariñosa. Recordemos la escena del encuentro en la mañana del domingo: María va por su cuenta al sepulcro y, al llegar allí, siente gran desconsuelo al comprobar que la tumba está vacía. Los «ángeles» que custodian la tumba le preguntan por qué llora, y ella responde que es porque se han llevado a «su Señor». Cuando finalmente Jesús la llama por su nombre: «¡María!», ella, que lo reconoce en ese momento, exclama alborozada: «¡Rabbuní!», apelativo cariñoso, y corre a abrazarlo. No cabe la menor duda de que la relación que la une al Maestro es intensa.

Como era previsible, y a pesar del relato evangélico, la naciente Iglesia quiso minimizar la vinculación que existía entre Jesús y María Magdalena. Nada de relaciones afectivas entre uno y otra, y, mucho menos, nada de matrimonio entre los dos, como sostienen algunos investigadores. Jesús debía ser una figura prístina, un ser intocable que se encontraba totalmente al margen de cualquier apetencia o relación carnal.

Uno de los razonamientos que se manejaron por parte de las primeras autoridades eclesiásticas fue que si el Maestro hubiera estado casado, los evangelistas lo hubieran dicho. Un argumento bastante endeble, ciertamente. Los evangelistas ni lo afirmaron ni lo negaron; como tampoco afirmaron o negaron muchas otras cosas referidas a Jesús. Por lo demás, no sabemos si los escribas cristianos de los primeros tiempos tuvieron algo que ver en el asunto, con sus indudables manipulaciones de los textos evangélicos.

Lo que sí está claro es que Jesús habló del matrimonio, y no para denigrarlo precisamente. Asiste a las bodas de Caná muy a gusto, y la presencia femenina, lejos de molestarlo, le agrada. En modo alguno es un misógino, por lo que podemos colegir del relato evangélico. Y además, ¿qué hubiera tenido de anómalo, de perjudicial o de infamante para la figura del Maestro el que mantuviera una relación íntima con María Magdalena, o que incluso estuviera casado con ella? Pero dejemos estas digresiones y atengámonos a la identidad de esta singular María de Magdala.

¿Mujer santa o pecadora?

Ninguno de los personajes bíblicos mencionados en los Evangelios ha logrado la notoriedad de María Magdalena. El arte se ha ocupado tanto de ella que es difícil no imaginarse un joven rostro de hermosas facciones, de manos delicadas y cabellera exuberante cuando pensamos en esa mujer. Y ello aunque carezcamos de dato alguno, por insignificante que sea, de su aspecto corporal. Por lo que se refiere a su temperamento, la cosa es diferente. Nada nos impide suponer que la Magdalena debió ser una mujer vehemente y ensoñadora, dulce y sensual al mismo tiempo; con seguridad, incorporaba el tipo clásico de la mujer mediterránea ardiente.

Si la hacemos coincidir con la María de Betania, la hermana de Lázaro y Marta, nos encontramos con otro modelo femenino que no resulta menos sugerente. Se trata en este caso de una mujer de espíritu elevado, capaz de crear mundos inimaginados, de sumergirse en lo intocable con la simple audición de una parábola contada por su amado Maestro. Y todavía podemos fundirla con aquella otra pecadora que en casa de Simón el fariseo baña con sus lágrimas los pies de Jesús, los cubre de besos, los seca con sus propios cabellos y vierte por último sobre ellos el perfume que lleva en su frasco de alabastro. Una hermosa historia de admiración y de amor, aceptada plenamente por el Maestro, que nos cuenta Lucas en uno de sus momentos más inspirados. Pero la pregunta sigue en pie: ¿cuántas mujeres fue o pudo ser María de Magdala?

El mismo autor que sitúa a María Magdalena en el sur de Francia, treinta años después de la muerte de Jesús, para llevar hasta aquel rincón perdido de Europa «la sangre real» —siguiendo en esto a una leyenda muy popular en el siglo XIV conservada en francés arcaico—, nos dice que el padre de María era un Sumo Sacerdote; y que ella, de acuerdo con la tradición gnóstica, se encontraba asociada a la sabiduría porque el Espíritu Santo estaba considerado como la gnosis femenina. Por consiguiente, María Magdalena era su representación en la Tierra. Teorías.

En el siglo VIII, un obispo de Maguncia que había sido anteriormente abad del famoso monasterio alemán de Fulda, Rabano Mauro, escribió una *Vida de María Magdalena* en la que se incluyen muchas tradiciones sobre este personaje que presumiblemente pueden ser anteriores al siglo V. Esta obra tuvo una notable divulgación por toda Europa durante la Baja Edad Media. Se hicieron muchas copias del manuscrito original, y una de ellas se descubrió a principios del siglo XV en Inglaterra, justamente en la Universidad de Oxford que ya para entonces había alcanzado gran renombre y que, debido precisamente a este hallazgo literario, bautizó a uno de sus centros con el nombre de la famosa mujer: el Magdalen College

La vida —más bien la leyenda— de María Magdalena, convertida ya en santa por el fervor popular, sirvió de inspiración a muchos autores medievales. Mateo de París y Jacobo de Vorágine, entre otros, escribieron en los siglos XII y XIII relatos e historias sobre esta fémina que tanta atracción generaba. Vorágine es autor de una famosa *Leyenda de Santa María Magdalena*. En esta obra, la figura de la Magdalena queda notablemente ensalzada, pues, identificándola con la María de Betania, se la considera de ascendencia real y se la hace embarcar con sus hermanos Marta y Lázaro hacia una población del sur de las Galias denominada Masilia, que otros autores señalan como la actual Marsella. En aquellas tierras, los tres hermanos, antiguos amigos del Maestro, lograron entre sus habitantes no pocas conversiones al naciente cristianismo.

Lo cierto es que el culto a la Magdalena, muy extendido en Francia, alcanzó inusitado vigor en la Provenza meridional.

Se cree que el nombre de Magdala procede de la palabra hebrea *migdal*, que significa torre. Margaret Starbird, notable estudiosa de temas bíblicos, es de la opinión de que el sobrenombre «Magdalena» deriva de la *Magdal-eder*, la «torre del rebaño», que aparece en un presagio del profeta Miqueas al referirse a la recuperación de Sión tras el destierro. Un presagio o vaticinio que no fue debidamente interpretado por los escribas del Nuevo Testamento. Este término, «migdal» o «magdal», como torre elevada, posee un significado simbólico de notable importancia, porque equivaldría a un concepto de grandiosidad, de magnificencia. Siendo esto así, podría considerarse el apelativo «Magdalena» como una atribución de grandeza para esa María, mujer de plurales interpretaciones, a la que muchos juzgaron, dejándose llevar por la fantasía o por la leyenda, esposa de Jesús.

María Magdalena, la amada del Maestro

En el texto gnóstico conocido como *El Evangelio de María*, escrito probablemente entre los siglos IV y V, y perteneciente al llamado «Códice de Berlín», existe un pasaje en el que María Magdalena reprende a Pedro —como representante de los obispos machistas— por su temperamento dominante, y le recuerda que Jesús la tuvo en gran consideración. En *El Evangelio de Felipe* se cuenta que Jesús solía besar a María en la boca, cosa que molestaba no poco a los discípulos que, evidentemente celosos, preguntaron al Maestro el motivo de que la quisiera más a ella. Jesús les contestó entonces que la preferencia que sentía por la Magdalena se debía exclusivamente a que ella había visto la Luz mientras otros seguían ciegos.

Son muchos los detalles que demuestran esta particular inclinación de Jesús por la Magdalena. Recordemos que fue a ella a quien se mostró en primer lugar la mañana del domingo, gesto que posee un gran significado. El Maestro tampoco se preocupa por ocultar el afecto que le profesa; y los evangelistas deben saberlo muy bien cuando en las referencias que hacen de las mujeres que acompañan a Jesús la sitúan en primer lugar. ¿Es esta una demostración palpable de que reconocían, al mismo tiempo, la posición preeminente de que gozaba la Magdalena, la preferida del Señor? Sin duda.

En los textos encontrados en Nag Hammadi se aprecia claramente la veneración sentida hacia la figura de María Magdalena. Ella es la que ha visto la Luz, la que tiene el Conocimiento, la que sabe el Camino. Relegando incluso la figura de la madre de Jesús, que pasa a un segundo término, es ella la auténtica gran dama, la preferida, la compañera del Maestro. Ni siquiera los apóstoles pueden comparársele en la estima de que es objeto por parte de Jesús. La suposición de que hubiera sido su esposa nada tendría en tal caso de sorprendente.

A la vista de lo que hemos mostrado, tampoco hay que maravillarse de que la Iglesia —desde el momento en que empezó a jugar un papel determinante en el decadente Imperio romano— desvirtuara la imagen de la Magdalena presentándola como la mujer arrepentida que se limitó a seguir a Jesús, y a la que hasta se podía desacreditar. Los Padres de la Iglesia no se caracterizaban precisamente por ser muy feministas. No obstante, en esta «campaña de desprestigio» hacia un personaje a todas luces muy relevante, hay que hacer una notable excepción: Orígenes. Este escritor cristiano en lengua griega, gran apologeta y posiblemente la figura de mayor relieve que tuvo la Iglesia en el siglo III —y al que esta relegó injustificadamente y jamás quiso canonizar, pese al martirio que sufrió en tiempos del emperador Decio—, llegó a comparar a María Magdalena nada menos que con la esposa del Cantar de los Cantares. Un título de la máxima importancia, dada la significación que el Cantar tenía en aquel tiempo.

La «prostituta» sagrada de los templarios

Como veremos en la Segunda Parte de este libro, el papel que desempeñó San Bernardo de Claraval en la Orden del Temple fue determinante. Pues bien, a ese mismo personaje se le ocurrió comparar por primera vez —pues la idea fue seguida fielmente por la jerarquía eclesiástica desde su tiempo hasta el nuestro— a la esposa del Cantar de los Cantares con la Iglesia. Y en tal comparación —y aquí viene lo llamativo del asunto— escoge como esposa de Cristo a María Magdalena. Evidentemente, al hacerlo, Bernardo se refería a un plano simbólico, conceptual o místico. Pero parafraseando las palabras del procurador Poncio Pilatos podríamos decir que «lo escrito, escrito estaba». Así pues, Bernardo de Claraval seguía la trayectoria marcada por el controvertido y brillante Orígenes.

Dos de los Evangelios, los que se suponen escritos por Marcos y Lucas, hacen referencia a la «curación» que Jesús llevó a cabo con María Magdalena, librándola de la posesión de nada menos que siete demonios. Aunque en esos textos no se dice que fuera una mujer pública, una prostituta, la tradición la ha tachado de tal, y no solamente a nivel popular. No obstante, cabe preguntarse a qué tipo de prostitución se estaban refiriendo al incluir en ella a la mujer preferida del Maestro, porque no debemos olvidar que existía una prostitución sagrada, cuyo ejercicio databa de milenios atrás.

Las llamadas «prostitutas sagradas», o sacerdotisas, desempeñaron un papel muy relevante en las religiones de Oriente. Eran ellas las que estaban encargadas de mantener vivo el culto de la fertilidad y, por consiguiente, de la sexualidad. ¿Pudo ser María Magdalena una de tales sacerdotisas? Hay quienes así lo creen. El hermoso pasaje evangélico en que vierte el frasco de óleo aromático sobre Jesús también parece darlo a entender. Pero recordemos que los sacerdotes-reyes eran los destinatarios de este rito sacral de la unción; y tampoco olvidemos que en tiempos remotos tal acción solo le estaba permitida a la novia o esposa real. Papeles que en este caso bien pudieran haber estado representados por el sacerdote-rey Jesús y la sacerdotisa y novia real María Magdalena. Una hipótesis atrayente y nada descartable.

De lo que tenemos constancia histórica es de lo mucho que significó María Magdalena para la Orden del Temple. En su texto fundacional, San Bernardo establece de forma bien clara que los caballeros deben respetar y obedecer lo referido a Betania, «el castillo de María y Marta». Y nada tendría de particular, como algunos autores afirman, que muchas de las grandes catedrales que se erigieron en Europa, promovidas por el Císter —tan vinculado a la Orden del Temple— y que estaban dedicadas a Nuestra Señora, disimularan bajo ese nombre una referencia netamente esotérica. En tal sentido, dichas catedrales no estarían dedicadas a la María madre de Jesús, sino a la otra María, que de ningún modo era una pecadora arrepentida, sino la portadora de Luz, la *sofía* gnóstica. Es una teoría admisible.

Aceptemos o no las variadas teorías existentes sobre la figura singular de María Magdalena, lo cierto es que representa uno de los personajes más atractivos en la vida del Maestro. Una mujer que tan pronto es considerada como una «pecadora» a la que hay que liberar de sus múltiples demonios, es decir, desposeerla de su arrebatadora fuerza pasional, como si se la juzga un ser privilegiado que conoce y se mueve por el camino de la Luz. No es de extrañar que, en uno u otro caso, los templarios sintieran por María Magdalena una admiración que podía rayar en el culto.

CAPÍTULO XII

El Evangelio de Tomás

Hablamos ya en páginas anteriores de Tomás, el apóstol «gemelo», y de su azaroso y legendario peregrinar por tierras de Persia y el Lejano Oriente. Tomás es un personaje elusivo, poco convencional, incluso rebelde, cuyo temperamento, en muchas ocasiones, encaja a duras penas con el del resto de sus compañeros. Es muy posible también que sea este el apóstol que haya generado mayores controversias a la hora de querer identificar su persona; porque si bien conocemos por los Evangelios esa condición de «gemelo», en ningún momento se nos dice de quién lo era.

Para algunos investigadores, Tomás es el hermano gemelo del propio Jesús. Apoyan tal afirmación en textos pertenecientes a los primeros siglos del cristianismo, entre los que se encuentra alguno del ya citado Orígenes. Aparte de otras consideraciones que pudieran corroborar esa teoría, mencionan un manuscrito copto, el llamado *Evangelio de San Bartolomé*, escrito probablemente en el siglo V.

Al referirse a ese texto en el que Jesús se dirige a Tomás llamándolo «su gemelo», Rendell Harris —toda una autoridad en temas referentes a las Iglesias de Oriente— dice haber localizado en Edesa (una antigua ciudad del norte de Mesopotamia que correspondería hoy a Urfa, en la actual Turquía) la creencia de que Jesús y Tomás eran gemelos. H. J. Schonfield, otra figura relevante en historiografía esenia, afirma que durante los primeros siglos del cristianismo se difundió por esa zona del Oriente Próximo y Medio la creencia de que no solo era Tomás gemelo de Jesús, sino que uno y otro eran la misma persona.

Ciertamente son muchas las coincidencias existentes entre la vida del apóstol y la del Maestro. Así, por ejemplo, en el caso de Tomás también se tenía la creencia de que tras su muerte —fue martirizado en la India, en donde pereció de un lanzazo— no se logró encontrar su cuerpo. El sepulcro en el que se le había enterrado se halló vacío cuando se quiso trasladar sus restos.

Ahora bien, al estudiar con cierto detenimiento estas historias —en las que, indiscutiblemente, hay un considerable componente de leyenda— es necesario tener presente que son precisamente estas regiones de Oriente, en las que tienen lugar estas primeras andanzas de Tomás, las que estuvieron más en contacto con los cruzados y, por ende, con los caballeros templarios. Las fuentes de información de que aquellos dispusieron durante mucho tiempo fueron muy diversas y muy ricas. Nada tiene por tanto de sorprendente que —al margen de otras razones que hoy se nos hacen menos verificables— su posible creencia en que Jesús no hubiera muerto crucificado en Jerusalén poseía sus argumentos.

El «quinto» Evangelio

Uno de los textos más sobresalientes —y hasta, quizá, el más importante— de cuantos se descubrieron en las grutas egipcias de Nag Hammadi fue el *Evangelio de Tomás*. Tendríamos que retrotraernos sesenta años, hasta aquella fecha de 1945, para poder calibrar el impacto que causó el hallazgo de dicho manuscrito. La euforia de los estudiosos llegó al punto de que algunos llegaron a considerarlo un quinto Evangelio, tan importante como los otros cuatro canónicos.

Todavía no está muy claro cuándo pudo ser escrito el *Evangelio de Tomás*; no obstante, son muchos los que hacen remontar su redacción a mediados del siglo III de nuestra era. Si, además, se considera que es posible que el manuscrito encontrado —que, al igual que el resto de los textos de Nag Hammadi, está escrito en copto— tenga su origen en un original griego anterior, nos encontramos con que el referido Evangelio es posiblemente contemporáneo de los otro cuatro textos canónicos, en los cuales estaría parcialmente basado.

El contenido del *Evangelio de Tomás* está formado por una serie de citas en las que Jesús expone lo más sustancial de su doctrina, siempre de acuerdo con la concepción filosófica gnóstica. No hay en él un relato, detallado o no, de lo concerniente a la vida del Maestro. Se diría que el autor del texto se propuso exclusivamente reflejar la esencia del mensaje mesiánico, prescindiendo de cuanto pudiera juzgarse secundario. Se trata de un mensaje que tanto en su forma como en su contenido muestra una indiscutible concepción hermética. En muchas ocasiones, no obstante, la concordancia entre este texto y el de los Evangelios canónicos es tan grande que no parece desacertado haberlo considerado como el quinto Evangelio, teniendo en cuenta sobre todo la profundidad espiritual que hay en él. Veamos como ejemplo de lo dicho el siguiente párrafo:

«Entonces los discípulos le preguntaron si haciéndose iguales a los niños lograrían entrar en el Reino de los Cielos. Jesús les dijo: "Cuando logréis hacer la unidad de lo que está dividido, cuando hagáis lo que está dentro como lo que está fuera, lo que está fuera como lo que está dentro, lo que está arriba como lo que está abajo, y cuando hagáis del macho y la hembra una sola cosa... entonces entraréis en el Reino de los Cielos"».

Nada difícil resultará al lector que tenga algún conocimiento de temas esotéricos reconocer en este párrafo la similitud de los conceptos aquí expresados con los clásicos aforismos herméticos.

En otros pasajes de este Evangelio, las palabras que aparecen como dichas por Jesús son prácticamente las mismas que las que podemos leer en los Evangelios canónicos.

Comentemos, a título de anécdota, que hay un fragmento en este texto cuyo contenido, exageradamente machista, dista mucho de expresar la simpatía que el Maestro mostró por el universo femenino. En la cita catalogada con el número 114, Simón Pedro le dice a Jesús que haga salir a María del grupo que forman los apóstoles ya que las mujeres no son dignas de la Vida (Eterna). Jesús le responde de esta manera: «Has de saber que yo he de guiarla para que se convierta en varón, a fin de que pueda hacerse un espíritu viviente semejante a vosotros. Pues toda mujer que se haga varón entrará en el Reino de los Cielos».

Naturalmente, cabe preguntarse cuál podría ser en realidad el sentido que el autor del texto adjudica en este párrafo al término «varón».

De nuevo el Maestro de la Verdad y el *Barlaan y Josafat*

Nos referíamos en el capítulo II, al hablar de los esenios, a que uno de los grandes pilares religiosos de la secta lo constituía la singular figura del llamado Maestro de la Verdad, un personaje cuya elevada categoría moral y religiosa lo dotaban no solo de un liderazgo indiscutible, sino también de un respeto rayano en la devoción por parte de la comunidad. No se conoce con certeza el nombre de ninguna de estas figuras eximias —en el supuesto de que no se tratara de un personaje único—, como tampoco el tiempo en que ejercieron su liderazgo u otras características personales que nos hubieran permitido identificarlos.

Las investigaciones realizadas hasta el momento permiten adjudicarle la nacionalidad judía y su posible pertenencia a la tribu de Leví, aquel tercer hijo de Jacob y Lía cuyos descendientes, diseminados por toda Palestina, formaron una casta sacerdotal. Precisamente por tener esta condición, fue perseguido por los sumos sacerdotes, viéndose obligado a huir para salvar su vida.

Como ya hemos dicho, el Maestro de la Verdad —o Maestro Verdadero para otros— pudo ser contemporáneo de aquel Judas Macabeo que acaudilló la rebelión judía contra el monarca seléucida Antíoco Epífanes que, en el siglo II antes de nuestra era, reinaba en Palestina. No obstante, existen más posibilidades. La creencia en una probable reencarnación del Maestro de la Verdad, y la coincidencia de numerosas características suyas con las de Jesús de Nazaret, hizo pensar a ciertos grupos de cristianos de los primeros tiempos que aquel bien pudiera ser el nuevo Maestro de la Verdad.

Ahora bien, si la figura de este Maestro de la Verdad se solapa con la de Jesús, y Tomás, a su vez, fuera su hermano gemelo, tendríamos una especie de curioso entramado en el que un ser de gran categoría espiritual, huido de tierras palestinas, evangeliza y termina muriendo en las lejanas regiones de Oriente. Y es aquí en donde tradición y leyenda se unen para crear una curiosa historia que vamos a comentar brevemente.

A partir del siglo X se difunde por Europa una novela edificante que lleva por título *Barlaam y Josafat*. Se trata de la historia de un joven príncipe de la India, Josafat, mantenido por su padre, el rey Abenner, en un lugar retirado y lleno de encantos para que no caiga en la tentación de convertirse al cristianismo. Pero el encuentro del joven Josafat con tres sucesivos representantes de la enfermedad, de la vejez y de la muerte —y, posteriormente, la guía y consejo del monje ermitaño Barlaam— le revelan la verdad de aquella religión proscrita por su padre. El príncipe Josafat se hace cristiano, logra convertir a su padre y después de muerto es venerado como santo.

¿De dónde procede esta peregrina obra que tuvo tantas variantes en la Europa medieval? Las raíces hay que buscarlas en un texto escrito por un cristiano de la Bactriana, alrededor del siglo VI, que con clara intención apologética hizo una transposición, en sentido cristiano, de la historia de Buda. Desde aquellas apartadas regiones, pertenecientes al actual Afganistán, la historia pasó mediante traducciones sirias y georgianas al monte Athos, en donde se le dio la versión griega. A partir de ese texto se hicieron nuevas traduciones al latín que dieron pie, a su vez, a las conocidas en distintas lenguas vulgares, hechas tanto en prosa como en verso. La más representativa de estas nuevas versiones fue la realizada por Jacobo de Vorágine en su *Leyenda dorada*. (Recordemos que este mismo autor se sintió muy atraído por la figura de María Magdalena.)

¿Quién fue realmente ese joven príncipe Josafat? ¿Qué figuras históricas llegadas no precisamente de la India, sino tal vez de Palestina, originaron la leyenda? ¿Se trataría del apóstol Mateo, el hermano gemelo? ¿Sería quizá el Maestro de la Verdad? ¿O, en definitiva, el propio Jesús? El tema da para establecer numerosas especulaciones

En la ciudad de Srinagar, en pleno corazón de Cachemira, se encontró hace algún tiempo una tumba de características muy curiosas. En ella se pueden ver dos sepulcros que se hallan dentro de una cámara bien protegida. Otro sepulcro está situado bajo estos dos, en una especie de cripta secreta. Se asegura que este sepulcro, el que permanece en la cripta, es el de un santo profeta, de nombre Yuz Asaf. Existen distintos indicios que hacen pensar que este reverenciado personaje bien pudiera ser el Josafat —es decir, el Mateo-Jesús— de la tradición oriental. Otra teoría más.

Hemos llegado al final de esta Primera Parte dedicada a la figura del Maestro Jesús de Nazaret. Como habrá podido observar el lector, no hemos querido analizar en ella ni la calidad de su mensaje mesiánico ni, mucho menos, la veracidad de su actuación milagrosa. No era ese nuestro objetivo. Lo que se pretendía en estas páginas era establecer un sucinto bosquejo de su figura histórica, de las circunstancias que la rodearon y, asimismo, de los interrogantes y lagunas existentes en el relato evangélico. Y que todo ello sirviera para explicar de algún modo la visión que de Jesús pudieron tener los caballeros templarios en el ámbito de su concepción religiosa más esotérica.

El punto clave de tal concepción no se encontraba en una obediencia plena al dogma de la Iglesia romana, es decir, en una aceptación de los principios aprobados en los distintos concilios habidos hasta entonces, sino en la búsqueda y en el conocimiento de otros postulados —ya fueran gnósticos, esenios o sufíes— que arrojaran una visión más completa, rica y auténtica de la figura de Jesús.

SEGUNDA PARTE

CAPÍTULO I

El enigma de los templarios

«A vosotros os ha sido comunicado el misterio del Reino de Dios; mas a los otros, a los de fuera, todo se les presenta en parábolas, a fin de que aunque miren, no vean, y aunque escuchen, no oigan ni entiendan...»

Estas son las palabras de Jesús, según nos las relata Marcos en su Evangelio. Reconozcamos que la expresión «el misterio del Reino de Dios» resulta muy sugerente y se presta a múltiples interpretaciones, tantas como el contenido de las parábolas a las que hace referencia el Maestro. ¿Cómo entendían el Reino de Dios los templarios? ¿Cuál era para ellos el auténtico linaje de David? Y, sobre todo, ¿cómo veían la figura de Jesús? Escuchemos lo que dijo en su juicio el último Gran Maestre, Jacques de Molay:

«Hace cuarenta años fui recibido en la orden por el hermano Humbert de Pairaud, caballero templario; estaban presentes en aquel acto el hermano Amaury de la Roche y otros caballeros más, cuyos nombres no recuerdo. Prometí cumplir las normas y estatutos de la orden, y acto seguido me impusieron el manto. A continuación, el hermano Humbert hizo traer una cruz de bronce en la que estaba la imagen del crucificado y me ordenó renegar del Cristo representado en dicha cruz. Lo hice a disgusto. Entonces el hermano Humbert me dijo que escupiera sobre la cruz, pero yo escupí al suelo».

Como podemos ver por la confesión —lograda mediante tortura— de Jacques de Molay, el concepto que el caballero templario Humbert de Pairaud tenía de la figura del Jesús crucificado difería radicalmente del que podían tener sus verdugos. Lo que estos entendían como el mayor de los actos blasfemos carecía de importancia para el templario y sus correligionarios. Para ellos, el Cristo clavado en la cruz nada tenía que ver con el Mesías, con el Salvador. El conocimiento que en la orden, o al menos en sus más altas jerarquías, se tenía del Maestro de Nazaret se contradecía con los principios establecidos por el dogma cristiano. Si esto era así, ¿cómo habían llegado los templarios a semejante convicción. ¿Cuándo? ¿Por qué?

¿Nueve caballeros pobres?

Remontémonos a aquel 25 de diciembre de 1119 —retengamos esa fecha del 25 de diciembre, sobre cuyo simbolismo ya hablamos en la Primera Parte de esta obra— en que Hugues de Payns, Geoffroi de Saint-Omer y otros siete caballeros más hicieron voto de obediencia al patriarca de Jerusalén.

Hugues de Payns —o de Payens, el *Hugo de Paganis* de muchos escritos, en cualquier caso— era un caballero perteneciente a la casa de los condes de Champagne, mientras que Geoffroi de Saint-Omer —*Godefridus de Sancto Audemardo*— era de origen flamenco. Según las crónicas más fidedignas, que en todo caso son muy parcas en los detalles, los otros siete caballeros eran André de Montbard —posiblemente, tío de San Bernardo—, Archambaud de Saint-Aignan, Payen de Montdidier, Geoffroi Bissol, un tal Gondemar, otro caballero de nombre Roland y, por último, Hugo Rigaud. Excepto el caballero de nombre Gondemar, que, al parecer, era portugués o galaico-portugués, el resto eran flamencos y franceses.

Habían pasado veinte años desde que en un terrible 15 de julio de 1099 los primeros cruzados, bajo el mando de los condes francos y muy especialmente de Godofredo de Bouillon, habían tomado Jerusalén tras un duro asedio de más de cinco semanas. El saqueo de la ciudad —de aquella ciudad que, según lo que siempre habían manifestado, los asaltantes consideraban santa, la más representativa de su fe cristiana— fue espantoso. La masacre que se cometió sobre la población fue tal que solo el fanatismo más exaltado la puede explicar, pues, según el relato que nos ha dejado Raimundo de Puy, «fue justo y especial castigo de Dios que aquel lugar fuese cubierto con la sangre de los infieles que por tanto tiempo habían acudido allí a blasfemar».

A partir de ese momento los nobles francos empezaron a repartirse el territorio conquistado; un objetivo que, más o menos enmascarado en razones religiosas, era el que en el fondo pretendían conseguir cuando partieron de Europa. Pronto se dieron cuenta de que para mantener a salvo las conquistas se hacía necesario consolidar la instalación europea en aquellas tierras.

En medio de este afán desaforado de posesión, y de la corrupción de costumbres que pronto dominó a los conquistadores europeos, nuestros nueve caballeros cruzados se propusieron, al menos en apariencia, una noble meta: formar una caballería que protegiese los caminos, vivir en castidad, pobreza y obediencia, y luchar con pureza de mente por el verdadero y supremo Rey. Se trataba idiscutiblemente de un elevado propósito, si tenemos en cuenta la abundancia de «bribones, hombres impíos, ladrones, sacrílegos, asesinos, perjuros y adúlteros» que, según palabras de Bernardo de Claraval —el futuro San Bernardo—, infestaban ya por entonces las tierras de Palestina.

Pese a tan loable intención, cabe preguntarse cómo pensaban llevar a cabo sus pretensiones estos caballeros, dado su reducidísimo número. Seguramente, tendrían a su lado algún que otro escudero o paje de armas que engrosaría el grupo un poco más; pero, aun así, eran tan solo un puñado de hombres de armas demasiado exiguo para esperar de él grandes hazañas. No obstante, y pese a ser tan pocos en número, aquellos caballeros estaban dispuestos a defender a los peregrinos y proteger los caminos de Tierra Santa a toda costa.

Por entonces, los cruzados no contaban con medios suficientes para controlar todo el territorio; la mayoría habían regresado a Europa, y los que todavía permanecían en la región se mantenían en las guarniciones de las ciudades. En todo caso, no eran muchos. Se estima que en el reino de Jerusalén nunca vivieron permanentemente más de un millar de caballeros procedentes de Europa, cifra a la que hay que sumar la de sus familiares, pero que aun así no superaría la de tres mil personas. Había que añadir a este número varios centenares de clérigos y los miembros pertenecientes a las órdenes militares. Digamos a modo de referencia que en la batalla de Hattin, uno de los enfrentamientos más importantes que tuvieron lugar en Tierra Santa, no hubo más de 1.200 jinetes, la mitad de los cuales pertenecían a las órdenes militares. Se cree que hacia 1180, en pleno apogeo del reino de Jerusalén, la cifra total de europeos existentes no superaría las 20.000 personas.

Pero regresemos a nuestros nueve caballeros cruzados que en 1119 están dispuestos a llevar a cabo una empresa que nadie quiere acometer.

El nacimiento de una orden

Como ya dijimos, en aquel día de Navidad de 1119 Hugo de Payens y su camarada Geoffroi de Saint-Omer prestaron juramento ante el patriarca de Jerusalén. Quiso el destino que aquella fuera la fecha escogida también por Balduino, hermano de Godofredo de Bouillon recientemente muerto, para coronarse primer rey cristiano de Jerusalén, un reino que iba a tener una vida efímera y turbulenta.

Los nueve caballeros consagrados ya al servicio de Dios y, de momento, bajo la regla de San Agustín, emprenden su primer cometido: defender un peligroso desfiladero en la ruta hacia Jerusalén, en donde las caravanas suelen ser atacadas por bandidos sarracenos. Se trata del lugar que hoy se conoce como Athlit, al sur de Acre y no lejos de Nazaret. A este desfiladero los caballeros —que todavía no se llaman templarios— le dan un nombre que con el tiempo se hará famoso: Castillo Peregrino. En ese mismo lugar construirán más adelante una importante fortaleza.

Pero estos cruzados tan especiales aparentan no tener muchos recursos. De hecho, su estado se muestra tan precario que hasta dicen carecer de un lugar propio para establecer su cuartel general. Ante tal situación, el rey Balduino les ofrece un sitio para alojarse. Se trata de un lugar muy especial, cercano a la famosa mezquita de Al Aqsa y bajo el cual, en tiempos muy remotos, parece que se encontraban las caballerizas del Templo de Salomón. Se trataba de un espacio tan holgado que alguien que las visitó por entonces afirmó que eran inmensas, con capacidad para «albergar en ellas más de mil caballos y mil quinientos camellos». Cabe preguntarse para qué querrían tanto espacio aquellos pocos caballeros, ya que todavía seguían siendo tan solo nueve.

A fin de que puedan instalarse allí los recién llegados es necesario que abandonen las dependencias los que hasta entonces las han estado utilizando. Se trata de miembros de la Orden del Santo Sepulcro, a los que, tiempo atrás, Godofredo de Bouillon entregara el lugar que ahora tienen que desalojar. Esta otra concesión del rey Balduino a los nuevos caballeros parece un poco extraña, si consideramos que había muchos sitios en Jerusalén en donde podían haberse instalado. Sea como fuere, el hecho es que a partir de este momento los caballeros adoptan para su orden el nombre que va a hacerse famoso durante casi doscientos años: *Pauperes commilitones Christi templique Salomonici*, más conocida de ahora en adelante como Orden del Temple.

Los nueve caballeros templarios —ahora sí lo son— continúan con su labor de protección de los caminos durante varios años. Resulta un tanto curioso que no quisieran, en sus primeros tiempos, aumentar el número de sus camaradas y siguieran comportándose como una orden evangélica y redentora. Los propios Hugo de Payens y Geoffroi de Saint-Omer aseguraban que hacían esta labor «para obtener el perdón de sus pecados». En cualquier caso, carecían de fondos. Y la escasez llegaba a tal punto que se veían obligados a montar dos caballeros sobre el mismo caballo. Como esto lo hacían también en señal de fraternidad, pronto se convirtió tal uso en un acto simbólico que tuvo su representación plástica y artística, creándose un sello que sería símbolo de la orden y signo de la jefatura. Pero digamos algo que tiene un cariz más que pintoresco al respecto de esta costumbre o, tal vez, necesidad.

Algunos años después de haberse iniciado el proceso contra los templarios, un tal Pierre de la Palud, que había pertenecido anteriormente a la Orden de los Predicadores, contó, en el transcurso de una declaración testimonial, una historia que ofrecía visos muy singulares. Afirmaba el antiguo clérigo haber oído que en los comienzos de la orden dos templarios habían montado un mismo caballo cuando marchaban a un combate. El que estaba delante se encomendó a Jesucristo, pero resultó herido en la contienda. El otro, que cabalgaba detrás y que no era sino el mismo diablo disfrazado de forma humana, le dijo a su compañero que él se encomendaba a quien pudiera ayudarle mejor. Como no había sido herido en el combate, el segundo caballero echó en cara a su camarada haberse encomendado a Jesucristo, y le dijo que si en vez de creer en el Salvador quisiera creer en él, la orden crecería y se enriquecería sin límites. Tan convincentes fueron sus argumentos que el caballero que había resultado herido se dejó seducir finalmente por el otro. Y de esta primera apostasía habían surgido todos los posteriores errores de la orden.

Historias de este jaez se contaban algunas. Fantásticas o no, sugerían posibles pactos ocultos de los caballeros templarios desde los primeros tiempos de la orden.

El singular emplazamiento de la Orden del Temple

Como ya se ha dicho, durante algún tiempo los templarios no quisieron hacer prosélitos. Se cree que el primer caballero que admitieron, transcurridos ya varios años desde la fundación, fue el conde Hugo de Champagne, un personaje de poderosa y rica cuna que pudo desempeñar un importante papel en la orden y del que tendremos que hablar más adelante. Pero comentemos ahora, siquiera sea brevemente, las enigmáticas características del solar que constituyó el cuartel general del Temple en Jerusalén.

Del antiguo Templo de Salomón no quedaba por entonces prácticamente nada; tan solo un pedazo del Muro de las Lamentaciones y poco más. En el lugar se alzaban en aquella ocasión dos magníficas mezquitas: la de Al Aqsa, ya mencionada, y la de Omar. Los templarios adecuaron la primera para alojamiento, refectorio y demás instalaciones destinadas a futuros caballeros. Después, empezaron a realizar excavaciones en el suelo. Estas excavaciones son las que encierran un notable interés, pues cabe hacerse la pregunta de qué se proponían encontrar con ellas, en el supuesto de que encontrar algo fuera su propósito.

Según podemos leer en el Libro Primero de los Reyes (6, 1-2) sobre la construcción del Templo: «Comenzose a edificar la casa del Señor en el año cuatrocientos ochenta después después de la salida de los hijos de Israel de la tierra de Egipto, el año cuarto del reinado de Salomón, en el mes de Ziv, esto es, el mes segundo. Y la casa que el rey Salomón edificaba al Señor tenía sesenta codos de largo, veinte de ancho y treinta de alto».

Así pues, el Templo empezó a construirse el 962 a. de C., cuarto año del reinado de Salomón. En la construcción del edificio, que como hemos podido ver por el texto bíblico tenía unas dimensiones muy grandes para lo que hasta entonces se había edificado en Palestina, se empleó mano de obra enviada por el rey Hiram de Tiro, rico monarca fenicio epígono de Salomón, con el que este mantuvo siempre excelentes relaciones. Gran parte de los materiales necesarios para la construcción, como la madera preciosa de cedro, procedía también de los hermosos bosques del Líbano. Los bloques de piedra que llegaban a Jerusalén venían previamente tallados, puesto que durante los años que duraron las obras «no se oyó en la casa del Señor el menor ruido de martillo, ni de hacha u otra herramienta alguna».

La construcción del Templo duró siete años de intenso trabajo. Una vez concluido, Salomón inició las obras de su palacio que debería alzarse contiguo al Templo y que había de ser lo suficientemente rico y amplio como para poder albergar decorosamente a su esposa, hija del faraón egipcio, y a su numerosísimo harén de setecientas princesas y trescientas concubinas. Mientras duraron las obras de los dos monumentales edificios, calculemos un periodo de veinte años como mínimo, el rey no se privó de gravar a su pueblo con fuertes impuestos para llevar a cabo esos costosos proyectos arquitectónicos. Sin embargo, no parece que los elevados gravámenes soliviantaran a los judíos de entonces. Pero sigamos mencionando algunos significativos detalles de ese templo y de ese palacio, construcciones magníficas para una ciudad como Jerusalén, formada por calles tortuosas y pobres casuchas de adobe.

Tanto en la disposición arquitectónica del Templo como en la del palacio del rey —la «casa del bosque del Líbano», como poéticamente la define la Biblia—, Salomón se dejó influenciar por el estilo que era común en las construcciones egipcias y en muchos de los santuarios orientales. La disposición de las famosas columnas Jaquín y Boaz, cuya simbología esotérica generaría en el transcurso de los siglos numerosas interpretaciones, era también un calco de las existentes en otros templos famosos de Oriente Próximo.

Las dos salas principales del Templo, el *Hecal,* o lugar santo, y el *Debir,* o lugar muy santo o sanctasanctórum, rebosaban de objetos preciosos: incensarios de oro macizo, lámparas, candelabros y otras piezas ornamentales de gran valor.

El *Debir* tenía forma cuadrada y unas dimensiones de cuidado simbolismo y perfecta armonía. En esta sala se guardaba el Arca de la Alianza.

El magnífico templo salomónico habría de durar algo más de tres siglos, hasta que, en el 588 a. de C., Nabucodonosor, rey de Babilonia, puso cerco a Jerusalén. El sitio de la ciudad duró algo más de un año, al cabo del cual pudo conquistarla sin esfuerzo. Era por entonces rey de Israel Sedecías, quien, ante la gravedad de la situación, trató de huir con sus hijos. Fue un acto más bien cobarde y definitivamente inútil, pues cayó en poder de los asirios; Nabucodonosor mandó dar muerte a los hijos en su presencia y después ordenó cegarlo. En cuanto a la ciudad, fue incendiada de punta a cabo y el famoso Templo quedó por completo destruido.

CAPÍTULO II

La orden se consolida

HEMOS dicho que el primer caballero que ingresó en la Orden del Temple, tras su fundación por Hugo de Payens y Geoffroi de Saint-Omer, fue el conde Hugo de Champagne, que lo hizo en 1125 aproximadamente, nada menos que seis años después de la fundación de la orden. ¿A qué se debió este rechazo al ingreso de nuevos miembros por parte de los fundadores? Todo movimiento humano —ya sea social, religioso o militar— que busque una cierta proyección, o una determinada influencia en su entorno, se preocupa desde el principio en atraer hacia sí el mayor número de prosélitos. La Orden del Temple es una curiosa excepción. Durante bastantes años, sus nueve miembros se limitaron a una especie de tarea evangélica y humanitaria, al menos aparentemente, manteniéndose aislados no solo de otras órdenes, sino también de los poderes fácticos que gobernaban Palestina.

Cabe pensar que los primeros templarios quisieron realizar un tipo de trabajo secreto, de la índole que fuera, que les sirviera para cimentar su futura proyección, y que, para tal fin, constituía un estorbo la existencia de un número más o menos numeroso de afiliados. Sea como fuere, el caso es que llegó el momento en que Hugo de Payens decidió que su Orden del Temple debía quedar sancionada al más alto nivel. Para ello era imprescindible regresar a Europa y solicitar el apoyo de la máxima jerarquía de la Iglesia. No convenía postergar por más tiempo la consolidación de la orden, no fueran a desanimarse y abandonarla los que ahora la formaban.

Tomada la decisión, Hugo de Payens, acompañado de algunos de sus camaradas, viaja a Europa en 1127, ocho años después de la confirmación de la Regla. En Roma es recibido por el papa Honorio II, que ya ha sido informado por Bernardo de Claraval de la existencia y de los propósitos de la nueva orden. El Papa se muestra bien dispuesto, incluso se erige en protector de los caballeros templarios y los anima a que acudan al Concilio de Troyes que va a reunirse dentro de pocos meses y en el que la orden recibirá su espaldarazo oficial. Hugo de Payens, que a la sazón es ya el primer Gran Maestre de la orden, no se hace de rogar: estará presente en ese Concilio.

Entre los muchos enigmas que rodean a los templarios, no es el menor saber cómo fue posible que aquel puñado de caballeros perdidos en ultramar y que, aparentemente, pretendían pasar desapercibidos, carecían de afanes proselitistas y no mostraban ansia alguna por el poder, se adueñaran tan pronto del ánimo papal. Uno se pregunta de qué poder económico o social podían disponer «los pobres caballeros del Templo» desde antes de fundar la orden. O por qué Bernardo de Claraval se sintió tan entusiasmado por esta nueva milicia para recomendarla tan ardientemente al Papa. O cuál era la verdadera personalidad del primer Gran Maestre, de ese Hugo de Payens. O por qué...

Un Concilio muy peculiar

Es curioso que el Concilio en el que se iban a aprobar oficialmente los estatutos de la Orden del Temple se reuniera precisamente en la ciudad de Troyes, capital de la Champagne, región de la que era oriundo Hugo de Payens, y a cuya casa condal pertenecía su familia. Recordemos también que el primer caballero que engrosó las filas de la orden, una vez que sus fundadores decidieron aceptar nuevos caballeros, fue Hugo de Champagne, conde de esa misma región.

Al Concilio acudieron una docena de los obispos más importantes de Francia, además de abades y figuras laicas de relieve. Se diría que la magna reunión estaba concebida para dar el máximo apoyo a la naciente orden. De nuevo, en esta ocasión Bernardo de Claraval se mostró como el más entusiasta de sus admiradores, una admiración que ya había dejado bien patente en sus escritos exegéticos. Por lo demás, los asistentes escuchan complacidos el detalle de la Regla presentada por el Gran Maestre para su aprobación. En ella se incluyen todos los puntos concernientes a la vida y relación de los caballeros templarios, especificándose hasta los detalles más insignificantes relativos a su atuendo personal y a sus obligaciones religiosas.

A partir del reconocimiento oficial de la Orden del Temple en este Concilio, los privilegios de que va a gozar aquella son de tal magnitud que ninguna otra orden o asociación de carácter religioso pudo soñar jamás con tenerlos. Por ejemplo, se establece que los templarios no tengan que obedecer a ninguna autoridad eclesiástica o laica, con excepción del Papa; se les exime de oraciones y ayunos, siempre que la ocasión lo requiera (y es de suponer que tales ocasiones abundarían). Los caballeros no pueden ser juzgados, ni mucho menos excomulgados por la jerarquía eclesiástica.

Este privilegio es de la mayor importancia, pues ha de tenerse en cuenta que la excomunión era el castigo máximo para un cristiano, y el medio establecido para que los poderosos no pudieran dejarse llevar por excesos. El temor a la excomunión constituía el mayor freno a cualquier posible arbitrariedad. Por tanto, el hecho de que los templarios estuvieran exentos de semejante castigo les proporcionaba una gran libertad de acción. Además de estos privilegios capitales, se conceden muchos otros de indiscutible importancia. Las posesiones templarias no tendrán que pagar los consabidos diezmos, y, si embargo, podrán percibirlos de quienes vivan en ellas. La orden tendrá sus propios capellanes y confesores; los caballeros no tendrán que recurrir a sacerdotes convencionales para lograr el perdón de sus pecados. Incluso podrá aprovecharse de aquellos bienes eclesiásticos que hayan sido objeto de excomunión. La orden puede quedarse igualmente con la totalidad del botín conseguido en las campañas militares contra los sarracenos. La lista de las prebendas es inmensa.

El Concilio de Troyes representa el primer gran triunfo del Temple. Aprobada su Regla sin recortes y hechas cuantas concesiones se pudieran imaginar, están asentadas firmemente las bases para que estos «pobres caballeros de Cristo» se conviertan en la organización más poderosa de los futuros siglos en el mundo cristiano.

Llueven las donaciones

El Gran Maestre de la orden, Hugo de Payens, y sus caballeros templarios, que una vez finalizado el Concilio ya lucen nuevo uniforme —con su impoluta capa blanca como signo de «inocencia y castidad», mientras que los escuderos, criados o hermanos inferiores habían de llevar ropajes negros—, abandonan Francia para reintegrarse a su trabajo en tierras de ultramar. Deben de sentirse muy seguros de que el éxito los va a acompañar en el ejercicio de sus funciones de protección y salvaguardia. De momento carecen de enemigos en Palestina, y en Occidente su prestigio se está inflando como un gigantesco globo.

En pocos años, los reyes y grandes señores europeos no paran de hacer donaciones a la orden. El rey de Francia, Luis VII, que ha tomado parte en la Segunda Cruzada, y que debe conocer a los templarios de primera mano, les regala unas posesiones cercanas a París, en las que la orden establecerá sus cuarteles generales europeos. Enrique I, rey de Inglaterra, que acaba de anexionar la Normandía a su corona, les hace entrega de magníficas tierras en esa región norteña. Esteban, sucesor de Enrique en el trono de Inglaterra, les dona magníficas plazas en Essex. El papado tampoco se queda atrás a la hora de mostrarse generoso. Y como no está en su mano el poder regalarles tierras y siervos, compensa la carencia material con beneficios espirituales. El papa Eugenio III les permite que en adelante tengan sus propios cementerios. El pontífice Adriano IV, sucesor del anterior, va todavía más lejos: les confirma que la orden podrá contar con sus propias iglesias. Realmente, no se puede pedir más.

La cantidad y la importancia de los beneficios y privilegios de que se hace objeto a los templarios desencadenará en breve fricciones con las autoridades eclesiásticas locales, que se sienten lógicamente relegadas, y con otras órdenes religiosas establecidas en Palestina. Entre estas se encuentra la de los Caballeros Teutónicos que, si hemos de creer a ciertos historiadores, pudo fundarse aproximadamente por las mismas fechas que la Orden del Temple, aunque la fecha más documentada de su creación podría ser la de 1190.

Esta orden había nacido para proteger a los peregrinos alemanes que acudían a Tierra Santa y que no lograban entenderse en aquel mundo dominado enteramente por los francos. Su misión era puramente humanitaria. Esa, al menos, fue la apariencia que mostraron durante los primeros años. No obstante, como objetivo adicional pero no menos importante, los teutónicos también albergaban la pretensión de reconquistar los Santos Lugares. Así pues, los propósitos que animaban a una y otra orden eran similares. Los que no eran parecidos, ni por aproximación, eran los privilegios concedidos a unos y a otros. Por si esto no bastara, los teutónicos, según la orden del papa Inocencio III, deberían someterse a los templarios en aquellas cuestiones que tocaran el ámbito militar. No es difícil suponer que no podía ser muy grande la simpatía sentida por los Caballeros Teutónicos —o por el resto de las diversas órdenes religiosas ya establecidas o a punto de establecerse en Palestina— hacia la poderosa Orden del Temple. Aquellos nueve iniciales *pauperes conmilitones* se habían convertido rápidamente en una fuerza emergente que muy pronto dominaría el ámbito militar de todo el reino jerosolimitano. ¿Cómo se había podido llegar a tanto en tan poco tiempo?

Dos personajes clave

Con toda seguridad la pujante orden jamás podría llegar a donde había llegado sin el concurso de dos figuras esenciales para su desarrollo: la de su primer Gran Maestre, Hugo de Payens, y la de su protector y mentor, Bernardo de Claraval.

Hugo de Payens es un personaje enigmático y de polémico origen. Uno de los cronistas medievales que lo mencionan con algo más de detalle es Guillermo de Tiro, que lo hace natural de las tierras de Champagne. Su propio nombre, Payens, hace referencia a la pequeña localidad de la que era oriundo, muy cercana de la ciudad de Troyes. Parece ser que su familia estaba emparentada con los condes de Champagne, y se cree que él mismo formó parte de la oficialidad de esa casa condal.

Aunque es posible que estos sean los datos más fiables, hay autores que lo hacen natural del Languedoc y fijan la fecha de su nacimiento en 1070. Como la bruma que rodea sus orígenes no se aclara fácilmente, todavía hay quien proporciona a la familia de nuestro hombre orígenes muy distintos y lo hace descendiente de españoles, más concretamente, de catalanes. En tal caso, Hugo de Payens sería Hugo de Pinos, y sus raíces familiares se situarían en la provincia de Barcelona. Pero esto no deja de formar parte de las especulaciones que rodean su persona.

De lo que hay pocas dudas es de su parentesco con el que, andando el tiempo, sería fundador de la abadía de Claraval y futuro santo, Bernardo. Es probable que Hugo de Payens fuera un hombre aventurero y de notable iniciativa que quisiera, desde el momento en que pisó Palestina, dar salida a su gran energía y a su capacidad organizativa en el terreno militar. Pero conviene tener en cuenta que fue su vinculación con San Bernardo la que resultó capital para la fundación de la Orden del Temple.

En cuanto al segundo elemento de este singular binomio humano, las cosas están bastante más claras. Se sabe con certeza que Bernardo de Claraval era borgoñón, nacido en el castillo de Fontaines, no lejos de la ciudad de Dijon. Su familia pertenecía a la baja nobleza rural, siendo su padre, Tescelin de Fontaines, vasallo del duque de Borgoña; por parte materna descendía de los duques de Montbard.

La infancia de Bernardo estuvo muy vigilada por su madre, que se ocupó de que el muchacho tuviera una buena formación, cosa que este consiguió en el monasterio de Saint-Vorles, en donde también tuvo ocasión de estudiar a los clásicos griegos y romanos. Jacobo de Vorágine, en su felicísima *Leyenda dorada,* nos habla de la apostura física del joven Bernardo y de su afán por mantener a toda costa la castidad, relatando para apoyar su afirmación algunas pintorescas anécdotas.

Decidido a entregar totalmente su vida a Dios y a la filosofía, ingresó en la abadía de Citeaux, de la que por entonces era rector Esteban de Harding, personaje al que habremos de referirnos. La capacidad de proselitismo de Bernardo ya quedó patente en esa ocasión, pues supo llevarse con él a la vida monástica a un buen puñado de compañeros de estudios.

En 1115, con apenas veinticinco años, se le envía a Clairvaux —Claraval— para que funde allí una abadía, cosa que hace con notable rapidez y eficacia. El ya joven abad da muestras entonces de un carácter resuelto y dominante que poco tiene que ver con la timidez que se le achacaba en sus años adolescentes. Está claro que Bernardo posee las características propias de un jefe nato. Habiendo escogido la vida eclesiástica, fue en el ámbito religioso en donde dio rienda suelta a su capacidad organizativa y directora; pero su férrea voluntad, su apasionado temperamento y su vehemencia hubieran podido hacer de él una gran figura militar de haber escogido otro estilo de vida. Como veremos, la simpatía y el apoyo que prestó a la Orden del Temple tuvieron mucho que ver con ese tipo de personalidad aguerrida.

Su espíritu combativo lo llevó a enfrentarse a la Orden de Cluny, a la que atacó con gran dureza. En el plano intelectual también se mostró como un fiero adversario. En su enfrentamiento con el grande y desgraciado Pedro Abelardo no solo hubo dureza sino también crueldad. Cabe suponer que en esta cuestión pudieron existir más razones que las que ampara una profunda diferencia de criterios. Abelardo era un maestro en el campo de la Lógica, y su brillantez como dialéctico no conocía rival. Poseía, además, una gran capacidad expositiva, lo que siempre le atrajo numerosos discípulos mientras se mantuvo en su cátedra de París. Esa fama no debió gustar mucho a Bernardo, que redactó un escrito atacando las tesis de su adversario. El escrito se lo envió al Papa con ánimo de que este lo condenara, cosa que consiguió gracias a sus denodados esfuerzos.

Es indiscutible la importancia del papel jugado por San Bernardo en la redacción y, más aún, en la aceptación del Reglamento de la Orden del Temple. Su amistad y el apoyo prestado a Hugo de Payens a lo largo de toda su vida tampoco admiten dudas. Evidentemente, desempeñó muy a gusto el papel de «padre espiritual» de los templarios, cuyo poder y expansión pudo contemplar antes de morir en 1153. Para entonces la orden ya estaba plenamente consolidada en todo el mundo cristiano, y su mentor podía descansar tranquilo.

CAPÍTULO III

El esoterismo templario

L A gran influencia que sin duda ejerció San Bernardo sobre la Orden del Temple no impidió que esta bebiera en muchas otras fuentes, porque, a medida que se ampliaba y extendía, la procedencia de los caballeros que iban integrándola era más diversa, y en ocasiones tales caballeros daban muestras de unas características personales y de unas competencias un tanto dudosas.

Una vez que los templarios decidieron abrir las puertas de la orden a nuevos miembros, se tuvo como norma no indagar sobre la condición o los antecedentes de los novicios; bastaba con que demostraran su valía y aceptaran plenamente la Regla templaria. De este modo, el flujo de los recién llegados se hizo continuo e intenso. Los caballeros que deseaban formar parte de aquella milicia a la que se le habían otorgado tantos privilegios, y que crecía y se afianzaba día a día, llegaban de todas partes; habían visto y oído cosas sorprendentes y, muy probablemente, fueran partícipes de hechos poco o nada ortodoxos.

La jerarquía eclesiástica había concedido a los templarios la prerrogativa de que pudieran «redimir» a aquellos caballeros condenados al terrible castigo de la excomunión. Y nada tendría de extraño que los nuevos conversos ofrecieran en pago a la orden que los acogía tan generosamente no solo los bienes materiales obtenidos quién sabe en dónde y de qué manera, sino también su bagaje cultural, grande o pequeño, conseguido también a lo largo de contactos tal vez poco recomendables. Historias escuchadas aquí y allá, teorías extrañas, contactos insospechados, habrían ido moldeando las mentes de aquellos caballeros recién ingresados; y su patrimonio personal quedaba depositado ahora en aquella orden que los recibía sin poner trabas.

Se ha escrito demasiado —y demasiado alegremente— sobre el esoterismo de la Orden del Temple. Por ello, y aunque ese hecho sea cierto, no vamos a exponer en esta obra nuevos o dudosos argumentos que defiendan la base hermética y esotérica que subyacía en la ideología templaria, sobre todo durante el primer siglo de su existencia. Es muy probable que en sus últimos tiempos la mayoría de los componentes de la orden tuviesen muy escaso conocimiento de tal ideología, y que solamente las altas jerarquías estuviesen bien informadas de ella. Como veremos en su momento, durante el juicio que se llevó a cabo a principios del siglo XIV, los testimonios de la mayoría de las confesiones —logradas, por lo general, mediante tortura— demuestran el desconocimiento que muchos caballeros tenían del simbolismo de la liturgia y de la normativa secreta de la orden. Esta desvirtuación es algo que forma parte del proceso de deterioro de todos los movimientos, escuelas, sectas u órdenes que desean mantener a salvo sus dogmas y liturgias. Pero eso, claro está, no invalida la existencia de tal base doctrinal.

Los «guardianes» de Tierra Santa

René Guénon, uno de los maestros indiscutibles del esoterismo moderno, afirmaba, al hablar de la Orden del Temple, que si bien esta se había constituido con el fin de proteger los caminos de Tierra Santa, sus caballeros entendían esa definición de «protectores o guardianes» de una forma mucho más amplia que la de unos meros cruzados que se dedicaban a cuidar de que los peregrinos no fueran molestados por los musulmanes. Y se pregunta Guénon qué se ha de entender, en primer término, por Tierra Santa, y a qué corresponde con exactitud ese papel de «guardianes» que parece relacionado con un determinado género de iniciación. Una iniciación que puede llamarse «caballeresca», siempre que se conceda a ese término una extensión y un significado más amplios que los que se le suele atribuir por lo general.

En este sentido, la expresión «Tierra Santa», «Tierra de los bienaventurados», u otras designaciones parecidas, se encuentran en el núcleo de muchas tradiciones y se refieren siempre, y de forma esencial, a un centro espiritual «cuya localización en una determinada zona puede entenderse, según el caso, de manera literal o simbólica, o en ambos sentidos a la vez».

Tenemos, pues, que nuestros templarios protegían algo más que un territorio físico y a unos peregrinos atemorizados. Debían de ser también los custodios de una tradición primordial, pero manteniendo al mismo tiempo buenas relaciones con otras tradiciones, que hasta entonces les habrían resultado completamente ajenas. El hecho mismo de que Hugo de Payens y sus caballeros hubieran aceptado tan rápida y gustosamente el emplazamiento del supuesto Templo de Salomón tenía mucho que ver con esa pretendida custodia de Tierra Santa.

La empresa que pretendía la Orden del Temple no solamente no se habría de confinar dentro de las fronteras que a la sazón tenía Palestina, sino que tampoco habría de limitarse a una época determinada. «Mientras que la Iglesia se circunscribe a un tiempo», dice el historiador Michelet, «el Templo no tiene tiempo». Las miras templarias estaban puestas más allá del horizonte, y, si se le presentaban obstáculos en su camino, estaban firmemente decididos a saltarlos. Al llegar a este punto conviene recordar quiénes intervinieron de forma determinante en la formulación de la Regla templaria.

Es muy probable que, desde el principio, San Bernardo quisiera asociar en la naciente orden la fuerza temporal y la fuerza espiritual, estableciendo una especie de gran milicia religioso-militar. Su intervención en la redacción de las reglas que habrían de marcar el desarrollo de la institución lo da a entender claramente. Sin embargo, nada hace pensar que hubiera reflexionado sobre la conveniencia de que la orden debiera tener un sustrato de tipo esotérico, ni de mantener nexos con otras tradiciones, en este caso orientales. Su temperamento vehemente y su pensamiento, inserto rigurosamente en el dogma cristiano, no debían permitir lo que seguramente consideraría peligrosas desviaciones. Pero no hay que olvidar que, además de Bernardo de Claraval, hubo otros personajes que jugaron tambien bazas muy significativas en esa partida de la fundación templaria.

De nuevo el Templo de Salomón

Comentamos en su momento que cuando el rey Balduino ofreció a Hugo de Payens el emplazamiento de lo que supuestamente había sido el solar del Templo de Salomón, aquel y sus compañeros aceptaron la oferta muy gustosamente. ¿Había algún motivo especial para ello? Indaguemos un poco en el tema.

Entre los personajes que muy probablemente influenciaron en el ordenamiento y constitución de la orden, y que con certeza tomó parte en el decisorio Concilio de Troyes, figura un señalado abad de Citeaux y compañero de San Bernardo del que ya hemos hecho referencia: Esteban de Harding. Este hombre había nacido en Inglaterra y estudiado en distintos centros de Inglaterra, Francia e Italia. Por lo que dicen de él algunos de sus coetáneos, era persona muy ilustrada y de gran devoción. Fue él quien, después de haber pasado cierto tiempo en el monasterio de Molesmes, fundó el de Citeaux, llevando acabo allí notables trabajos de transcripción del Antiguo Testamento.

El interés que Harding mostró por los textos hebraicos fue tan acusado que nada impide pensar que estuviera en contacto con rabinos judíos que fueran, al mismo tiempo, perfectos conocedores de la tradición. A este interés no sería ajeno el futuro San Bernardo, que tuvo al abad de Citeax por maestro durante algún tiempo. Ambos se tomaron muy en serio la creación de la Orden del Temple, y ambos también —aunque, seguramente, más Harding que Bernardo— supieron vincular este nuevo movimiento religioso-militar con ciertas facetas del esoterismo hebraico.

En este marco de relaciones y simpatías por lo judío —no olvidemos que San Bernardo mostró siempre una buena disposición hacia esa raza durante las persecuciones de las que aquella fue objeto y él tuvo conocimiento—, no resulta en modo alguno sorprendente que Hugo de Payens y sus camaradas aceptaran de buen grado el emplazamiento de su nueva orden.

Era creencia de algunos caballeros que el Arca de la Alianza se encontraba enterrada en el subsuelo de las caballerizas del Templo, en aquella estancia sagrada y selectiva llamada *Debir*, y que nunca había sido profanada pese a las repetidas destrucciones sufridas por los distintos Templos de Jerusalén. Para algunos investigadores, las excavaciones llevadas tan en secreto por los templarios en el solar de la orden no obedecían a otro propósito que al del descubrimiento de la fabulosa Arca. Nadie afirma, sin embargo, que tal hallazgo llegara a producirse.

Pero aunque los templarios jamás lograran encontrar la misteriosa Arca de la Alianza —cuyo contenido, pese a las múltiples especulaciones que se han barajado al respecto, nos sigue siendo completamente desconocido—, es probable que al ocupar aquel espacio del antiguo templo salomónico pudieran haber hecho algún otro hallazgo, y no precisamente por puro azar. También cabe, dentro de lo posible, que cuando el rey Balduino les concedió como residencia aquel alojamiento tan especial —había muchos otros lugares en Jerusalén que pudieron servir para tal fin—, lo hizo porque o bien presumía que estos nueve caballeros estaban destinados a realizar allí un gran descubrimiento. O bien alguien le aconsejó que convenía que así lo hiciera. Fuera por los motivos que fuese, el caso es que, según se afirma, los caballeros descubrieron en aquellas excavaciones objetos o documentos de gran valor.

El tesoro bajo el Templo

¿De qué tipo era ese hallazgo? Para algunos investigadores se trataba de un tesoro de doble e inmenso valor. No solo se habría descubierto el Arca —el elemento más preciado—, sino también una fabulosa cantidad de oro y objetos preciosos que habían sido ocultados por los judíos antes de que se produjera el último saqueo y devastación del Templo salomónico, llevado a cabo por los romanos en el año 70 d. de C. La existencia de ese tesoro de valor incalculable quedó confirmada cuando, hace apenas cuarenta años, se logró descifrar uno de los manuscritos encontrados en Qumrán. En él se mencionaba que, en realidad, ese fabuloso tesoro había sido ocultado bajo el Templo. Evidentemente, las más altas jerarquías templarias, desde Hugo de Payens hasta el conde de Champagne —sin olvidarnos en absoluto de San Bernardo—, debieron tener conocimiento de la existencia de este tesoro muy probablemente a través de sus contactos secretos con otros movimientos espiritualistas de Oriente. Porque como ya queda dicho, y podremos comprobar más adelante, los vínculos que mantuvo la Orden del Temple con los depositarios de las corrientes místicas y esotéricas, tanto cristianas como musulmanas, fueron muy estrechos y constantes. Estas relaciones les permitieron el acceso a un conocimiento y a posibles hallazgos impensables para el resto de los cruzados instalados en Palestina.

Es muy probable que los hallazgos hechos por Hugo de Payens tuvieran sobre todo un gran valor inmaterial, y que les permitieran acceder a claves de conocimiento que, a su vez, les otorgarían un gran poder. Sin duda, era eso precisamente lo que buscaban los fundadores de la orden, valiéndose de su actuación como protectores de caminos. La pregunta clave es cómo y quién los informó por primera vez de la existencia de semejante tesoro.

De nuevo, hay que pensar en los posibles contactos que Esteban de Harding y Bernardo de Claraval tuvieron con ciertos rabinos y expertos judíos, buenos conocedores de los secretos que podía albergar el Templo. Partir de cero en una empresa de semejante índole, y conseguir lo que se alcanzó en muy pocos años, no hubiera sido posible de otro modo. No olvidemos que en Palestina existían varias órdenes de características similares a los templarios, las cuales jamás lograron la riqueza ni el poder de estos. Decididamente, es necesario reconocer que el Temple se había creado para ser en puridad algo mucho más importante que una mera orden religioso-caballeresca.

La arquitectura sagrada

Entre los puntos más interesantes —y enigmáticos— que tienen relación con el súbito desarrollo de la orden templaria está el esplendoroso nacimiento de un nuevo arte arquitectónico. También en este caso todo parece producirse de forma casi repentina, como si se estuviera esperando durante siglos al descubrimiento de fórmulas secretas que pudieran dar rienda suelta a la manifestación insólita de un arte sagrado.

El estilo gótico nace fulgurantemente en Francia en un singular paralelismo con el repentino crecimiento de la Orden del Temple. Tomemos la fecha de 1135. Hace apenas seis años que la Regla templaria ha sido aprobada definitivamente en el Concilio de Troyes, y su primer Gran Maestre, Hugo de Payens, regresa a Tierra Santa. La orden caballeresca ha experimentado en este breve periodo un crecimiento espectacular. Por su parte, la otra orden, el Císter, cuya abadía de Citeaux acaba de presenciar el relevo abacial, por el que Esteban Harding cede el báculo a su sucesor, Bernardo de Claraval, se encuentra en su plenitud rectora en su abadía de Clairvaux. En ese mismo año se inician los trabajos en la abadía de Saint-Denis, cerca de París, que habrá de convertirse en el panteón de la casa real de Francia. Todo guarda un curioso —o no tanto— paralelismo.

Se ha dicho, y sobran motivos para afirmarlo, que fue el Císter el auténtico impulsor del nuevo y majestuoso estilo gótico. Pero ¿quién regía el Císter en esos precisos años? La respuesta no se hace esperar: Esteban Harding y Bernardo de Claraval. Los mismos mentores de la orden templaria. Y como la casualidad es un lujo que no tiene cabida aquí, menester será afirmar la posibilidad de una conexión entre el Temple y ese arte espléndido que está viendo la luz. Conexión que para algunos investigadores constituye, lejos de una simple posibilidad, una realidad incuestionable.

El gótico más brillante, el más puro y representativo de su historia, es el que se expande por Francia primero, e inmediatamente por el resto de Europa desde 1130 a 1250, un periodo que justamente coincide con el de máximo esplendor de la Orden del Temple. Por lo que se ve, las piezas parecen encajar a la perfección.

Si es cierto que los templarios tuvieron acceso a los conocimientos esotéricos del mundo antiguo preservados en Oriente durante siglos, nada sorprende que su conocimiento de las ciencias, de la arquitectura y de la ingeniería fuera el responsable del nacimiento del gótico. Basta una observación somera para hallar el parecido entre las esbeltas, pero sobrias y ascéticas, líneas de aquel estilo arquitectónico y la severa reglamentación en que se basaba la orden templaria. En ambas se muestra patente el espíritu bernardiano. Y no quisiéramos insistir en esta semejanza para no tener que incidir en otras evidentes concomitancias: ¿acaso la alteración de los delicados equilibrios y la armonía de formas experimentada por el gótico posterior no se corresponde también con el declive y posterior desmoronamiento del Temple?

Abundando sobre este punto, hay autores que comentan el estrecho vínculo existente entre los templarios y los alarifes y dirigentes de los gremios de canteros de aquella época. Un vínculo que posteriormente daría pie a la posible relación entre el templarismo residual y la francmasonería naciente, y a sus mil pintorescas manifestaciones. Pero no es este el momento para hablar de ello. Limitémonos ahora a considerar las consecuencias que en el plano artístico pudieron tener los hallazgos de conocimientos esotéricos del Temple.

Es menester mencionar, aunque sea brevemente, la singularidad de dos magníficas construcciones que parecen estar muy imbuidas del esoterismo templario. A la primera, la basílica de Saint-Denis en los alrededores de Paris, ya la hemos mencionado. Se trata de un majestuoso edificio en el que se conjugan por primera vez los elementos arquitectónicos constitutivos del estilo gótico. Al estudiar este edificio, surge una pregunta inevitable: ¿por qué se escogió precisamente este lugar tan emblemático para hacer patente por vez primera el hallazgo de unas fórmulas artísticas que nada tenían que ver con las anteriores? La respuesta hipotética podría ser: porque en esta basílica existe una tradición difícil de igualar por cualquier otra iglesia, monasterio o catedral de Francia; Saint-Denis era el panteón real de los últimos reyes merovingios. Dagoberto I, el rey que había tratado de reforzar el reino franco e impedir el inevitable deterioro de la dinastía merovingia, mandó construir en el año 630 la segunda iglesia —la primera la había construido Santa Genoveva para dar un cierto aire de vinculación sacral a su dinastía—. La última basílica, la anterior a la gótica, fue consagrada en presencia de Carlomagno en el año 775. Como se puede ver, Saint-Denis no era una iglesia cualquiera. ¿Habrían pensado quizá los templarios que, para instaurar el estilo arquitectónico en el que tanto tenían que ver, no existía mejor templo que el mandado consagrar por el más grande de los emperadores francos? No deja de ser una hipótesis.

Chartres y sus claves

Erguida majestuosamente sobre el casco antiguo de la ciudad de Chartres, la catedral de Notre-Dame representa una de las manifestaciones más puras de la arquitectura gótica francesa. Ella es esa otra construcción magnífica en la que no se hace difícil percibir la impronta del esoterismo templario. Construida en un tiempo sumamente breve, entre 1194 y 1225 —veintiséis años escasos, comparados con los dilatados periodos de construcción de la mayoría de las catedrales de Occidente—, Chartres representa la manifestación perfecta de un cuidado equilibrio y de una acendrada armonía, los dos principios en los que Bernardo de Claraval basaba toda su filosofía estética y moral, y con los que quiso impregnar la Orden del Temple.

Chartres fue desde tiempos remotos un lugar de peregrinación, un punto de fuerza al que acudían las gentes en busca de esa conexión con «lo Otro», una manera de trascender la limitada condición humana para vincularse con otra dimensión existencial. Bajo el promontorio sobre el que se alza la catedral existe una gruta en la que en tiempos se practicaba un culto ancestral en honor de una Virgen Negra. La hipótesis de que los caballeros templarios fueran, en gran parte, los inductores de la catedral de Chartres nos remitiría al conocimiento que la orden debía tener del esoterismo telúrico y la necesidad de reinvidicar el elemento femenino como puntal del necesario equilibrio cósmico. San Bernardo era un gran apasionado del culto mariano. Los templarios aceptaron muy a gusto esa corriente devocional instaurada por uno de sus más directos patrocinadores. Pero no es obligatorio pensar que el elemento femenino, representado tan carismáticamente por la Virgen María, fuera el mismo para los templarios que para el abad de Clairvaux.

CAPÍTULO IV

Los cátaros y el Temple

L LEGAMOS ahora a un punto que no por controvertido deja de encerrar el máximo interés: el conocimiento y relación que la Orden del Temple pudo tener —o tuvo— con el movimiento cátaro. Las especulaciones, y hasta las afirmaciones de todo tipo, a que ha dado pie un tema tan sugerente —como muchos otros relacionados con el Temple— rozan en ocasiones el límite de la imaginación más desbordada, porque no abundan las teorías que puedan encontrarse más o menos apoyadas históricamente. Veamos hasta dónde es admisible llegar en esta cuestión.

Como es bien sabido, el catarismo se formó y alimentó de diversas corrientes gnósticas y maniqueas. El problema de Dios, el de la existencia del Bien y del Mal, el tema de los intermediarios entre los hombres y el Infinito, alimentaron a lo largo de los siglos las especulaciones gnósticas, judaicas y cristianas. Indudablemente, la concepción filosófica de los caballeros templarios no podía marginar problemas de tamaña importancia.

Los orígenes del catarismo

No es fácil determinar los orígenes precisos del movimiento cátaro; no obstante, vamos a tratar de remontarnos

hasta aquellas heterodoxias que muy posiblemente constitu-
yeron sus raíces.

En pleno siglo VII un religioso sirio, Constantino de Ma-
nanalis, fundó en una pequeña localidad de Armenia la primera comunidad de los llamados *paulicianos*. Su doctrina se
basaba exclusivamente en los contenidos del Nuevo Testamento —con una particular adhesión a las epístolas de San
Pablo, de ahí el nombre de su secta—, rechazando plenamente el Antiguo Testamento. Los paulicianos presentaban
una interpretación netamente dualista de los Evangelios que
los llevaba a establecer una clara oposición entre espíritu y
materia; entre un principio nefasto, el Señor de este mundo,
y otro bueno, el Señor del mundo futuro. Negaban también la
existencia de la persona humana de Cristo y, por ende, los sacramentos, dado que estos implicaban la utilización de elementos materiales.

En el año 872 se produjo una cruenta batalla entre las tropas católicas del emperador de Constantinopla y las fuerzas
paulicianas, quedando estas últimas completamente derrota-
das. Se trató entonces de convertir por la fuerza al catolicismo
a los herejes paulicianos, muchos de los cuales decidieron no
renegar de sus creencias y huir hacia las tierras del norte de
los Balcanes, en donde se afincaron.

Pocos años después de la llegada de los paulicianos, surge
en Bulgaria la figura del pope Bogomil —el término *bogomil*
significa en búlgaro «amado de Dios»—, que crea una secta
cuyos fundamentos están rigurosamente tomados de aquellos
primeros emigrados. Al igual que los paulicianos, los bogomilos sostenían un dualismo, según el cual Dios era el creador de
las realidades espirituales pero nunca de la materia, producto
exclusivo del demonio. Pronto se vieron fuertemente perse-
guidos, y tuvieron que abandonar su tierra para instalarse en
Bosnia, hasta la llegada de los otomanos. Muchos prefirieron
huir hacia la Lombardía y los países de Europa central.

Y llegamos así a los primeros años del siglo XII. Hay constancia de que en el año 1142 algunos bogomilos fueron que-

mados como herejes en Colonia, y no hay que olvidar que esa ciudad alemana fue un importante centro del catarismo germano. ¿Cómo arribaron —si es que lo hicieron— los monjes bogomilos a tierras del Languedoc occitano? Resulta difícil dar respuesta a esa pregunta, pero téngase presente que aquella región de Francia era la más tolerante —y la más avanzada culturalmente— con cualquier tipo de manifestación religiosa por herética que pudiera parecer. Así pues, en pocos años se desarrolla en esas latitudes y sin la menor traba el nuevo movimiento cátaro como consecuencia tal vez de la predicación bogomila, o como fruto de corrientes religiosas autóctonas plenamente sintonizadas con aquella. El hecho es que en el siglo XII —ese siglo en que la Orden del Temple experimenta un soprendente desarrollo— el catarismo está enraizado por completo en la cultura religiosa de la Occitania.

Una tierra singular: Languedoc

Si existió en Europa, durante los siglos de la Edad Media Central, una región en la que se hermanaran un desarrollo social destacable, una floreciente cultura y un excepcional sentido de la tolerancia religiosa, esa región se llama Languedoc. Las razones de tal florecimiento hay que buscarlas con seguridad en una tradición milenaria y, sobre todo, en el espíritu de libertad que era consuetudinario en estas tierras. Aunque tal vez ese sentimiento de libertad debería contemplarse más bien bajo el prisma de un especial deseo de independencia.

En el plano religioso existía una suerte de acuerdo entre muchos nobles del Languedoc sobre un punto muy concreto: la Iglesia católica de Roma no era la institución más adecuada para merecerse una obediencia ciega. Por si fueran pocos, los desmanes que se cometían en el entorno de la Santa Sede, la clase de clérigos que abundaban en toda Europa, y más especialmente en el sur de Francia, dejaba todo que desear. Sacerdotes, monjes y obispos se preocupaban tan solo en satisfacer sus sentidos y mejorar sus haciendas. Pagar diezmos a esta clase de gentes no era lo que más podía complacer tanto a señores como a villanos. Había, además, otros factores, como el desinterés por parte del pueblo por conocer los dogmas más sustanciales del Evangelio, dado el libertinaje, la incapacidad o la pereza del clero por subsanar tal situación. Y como la pereza del espíritu es mucho más fuerte que la del cuerpo, según afirma La Rochefoucauld, las preocupaciones ultraterrenas de los occitanos hacía mucho tiempo que habían dejado paso a otras más cercanas y contingentes.

El Languedoc era, además, un cruce de caminos y, por consiguiente, de culturas. La burguesía de las ciudades más importantes no solamente estaba interesada en el dinero, sino también —apetencia inexistente en el resto de Francia— en los libros. Como veremos seguidamente, uno de los logros culturales más interesantes de esa época, la poesía trovadoresca, se pudo gestar gracias al especial renacimiento literario y cultural experimentado en esa tierra.

En un caldo de cultivo tan apropiado, no es de extrañar que prosperase un movimiento religioso como el catarismo, que ofrecía limpieza en donde abundaba la corrupción, espíritu cooperativo en lugar de desidia, y asistencia a los necesitados en vez de despreocupación y apatía. Los misioneros cátaros recién llegados tenían todas las bazas a su favor para crecer y multiplicarse —ellos, que rechazaban con la mayor repugnancia la proliferación de la especie—, desbancando sin demasiado esfuerzo a la desprestigiada clerecía católica. Cierto es también que supieron granjearse la simpatía del pueblo, porque, en contra de la intolerancia de la Iglesia católica, que imponía sus dogmas sin posibilidad alguna de réplica, los cátaros mostraban una disposición tolerante con sus simpatizantes. Ejercitaban una especie de diplomacia social que les fue muy útil con unas gentes que no detestaban las imposiciones; y este modo de hacer les proporcionó resultados excelentes. Al menos, durante siglo y medio.

El arduo camino de los «perfectos»

Helos ahí, caminando sin descanso durante horas interminables por los polvorientos senderos de la tierra languedociana. Marchan de dos en dos, gesto serio, ajenos a sí mismos, manejando hábilmente el cayado, en un silencio apenas roto que no vaticina grandes alegrías. Visten hábito negro con el amplio capuchón caído a la espalda, si la lluvia incesante o el sol justiciero no los obligan a cubrirse.

Hacen su jornada, de Mende a Millau, de Albi a Rodez, de Mazamet a Carcasonne. Son los misioneros incansables, los «buenos hombres», los «perfectos». Aquellos a los que en el día de hoy, o tal vez en el de mañana, logren convencer y atraer a su fe serán conocidos en adelante como cátaros, patarinos, tejedores, y también como albigenses.

El par de viajeros a que nos referimos sabe que si bien pueden ser amablemente recibidos por las gentes humildes en sus cabañas, e incluso por los señores en sus magníficos castillos, no deben bajar la guardia. El peligro acecha constantemente. Sin ir más lejos, no hace tanto —nos hallamos en 1178—, un destacado compañero de Toulouse fue brutalmente castigado por las autoridades eclesiásticas. La hoguera siempre está dispuesta, porque el deseo de Roma —la gran Ramera de Satán— no es otro que exterminar cuanto antes a todos los que profesan la verdadera fe. Por tanto, hay que mantenerse muy vigilantes.

Nuestros dos caminantes prosiguen su jornada con la vista baja, sin complacerse en la contemplación de las escasas bellezas que pueda ofrecerles el camino. Siempre han carecido de montura, y todos sus bienes personales se reducen al raído hábito negro con que se visten en invierno y verano, y el tosco cayado que manejan con destreza mientras caminan. Observan una castidad a toda prueba, y siempre están dispuestos a echar una mano al tejedor agobiado por su trabajo, o al campesino que ha de recoger la cosecha antes de que lleguen las primeras lluvias. Están convencidos de que las buenas palabras tienen que verse acompañadas por buenas obras, porque de lo contrario de nada servirá la fe que profesan. Ante tal conducta, las gentes les han dado el nombre que consideran más adecuado: son «los hombres buenos», que en nada se parecen a esos otros clérigos que tan solo se preocupan en engordar y recabar diezmos. A esos sacerdotes, obispos y abades corruptos, a los que el mismo Papa acaba de describir como: «Ciegos, perros mudos, simoníacos que venden la justicia, que no dudan en perdonar al rico y condenar al pobre, que no observan las leyes de la Iglesia; que acumulan los beneficios, entregan el sacerdocio a gentes indignas; que tienen una bolsa en lugar de corazón y son la burla de los laicos».

Los «perfectos» saben hacer bien su trabajo. Por lo demás, nada piden. Han aceptado el *consolament*, el único sacramento que existe en el catarismo. Se le da ese nombre porque al ser administrado se recibía el Espíritu Santo, conforme las palabras de San Juan: «Yo rogaré al Padre para que os dé otro Consolador, que estará con vosotros siempre. El Espíritu de la verdad, que el mundo no puede recibir, porque ni lo ve ni lo conoce» (Juan 14, 16-17). La recepción de tan alto sacramento conlleva no pocas cargas y sacrificios para el perfecto; una vida tan ascética y dura, que es norma que solamente se administre el sacramento a los fieles en su última hora. Los puros, sin embargo, vivirán con el compromiso contraído durante toda su vida; es el «santo bautismo de Jesucristo» al que habrán de ser permanentemente fieles, pues a la menor falta su sacerdocio quedará sin valor y no podrán prestar ayuda ni consejo a los demás fieles cátaros. Tal obligación les confiere, al mismo tiempo, una fuerza de la que carecen sus oponentes católicos. El cátaro perfecto posee la fuerza y el tenaz apasionamiento que le permitirá arrostrar los mayores peligros, incluso la muerte, con el mejor de los talantes.

Una fe esotérica

Si bien el *consolament* era el único sacramento existente en el catarismo, dado el compromiso moral que implicaba, se practicaban otros actos litúrgicos que también tenían gran significado para los creyentes. Entre los más significativos se encontraba el conocimiento secreto del *Páter,* una oración muy especial que debería hacerse siempre que se ingiriera un alimento o simplemente se bebiera. Se creía que dicha plegaria era la que habían dicho los seres angélicos antes del momento dramático de la Caída. A partir de ese suceso ya no habían estado capacitados para pronunciarla. Por tanto, el hecho de que un creyente dijese la plegaria sagrada con plena convicción le permitía reintegrarse, por así decirlo, en el ámbito divino. Esa firme convicción en lo divino, la práctica de la caridad, la humildad, el perdón de los agravios y, muy especialmente, la veracidad —virtud altamente considerada en toda la tierra occitana— eran las obligaciones que tenían los creyentes cátaros.

Es fácil encontrar en todo el ritual cátaro un notable paralelismo con el cristianismo primitivo, como bien apunta De Sède. Pero, además, existe en el, digamos, dogma cátaro un profundo respeto y asunción de lo que podría denominarse «juanismo»; una profunda simbiosis con el pensamiento y el Evangelio de San Juan. Y esto hasta el punto de que en el ritual cátaro se llama Juan o Juana al creyente en los actos del culto. Para los «buenos hombres», la figura del apóstol preferido de Jesús —el único que, para ellos, supo dotar a sus palabras de un profundo contenido esotérico— era todo un símbolo, y su Evangelio muy apreciado.

Al creyente se le instruye poco a poco, revelándole la doctrina —la verdadera doctrina cátara— según se adviertan los progresos espirituales que va haciendo. Y, sobre todo, se le avisa de que no debe tomar los textos sagrados al pie de la letra, porque es precisamente la letra la que coarta y mata, mientras que el sentido oculto y esotérico vivifica. Esta adhesión al aspecto oculto de los escritos y al sentido hermético que subyace en toda la Creación hace del catarismo una fe de contenido profundamente esotérico.

Los «secretos» del catarismo

Es posible que la gran mayoría de los cátaros —como sucedía con la masa de la militancia templaria— desconociera la esencia esotérica de su fe, quedándose tan solo con la visión más pragmática de la misma y con una digna práctica cotidiana. Una vez más, debemos decir que es muy posible también que se haya especulado demasiado sobre la existencia de una doctrina secreta cátara, al igual que lo sucedido con la probable Regla secreta templaria. Pero hay, en uno y otro caso, motivos para sospechar que tales conocimientos secretos pudieran ser realidad.

Siempre ha existido una gran polémica a la hora de establecer la relación existente —o no— entre el catarismo y el cristianismo. En la época en que floreció el movimiento cátaro, hubiera resultado más que chocante preguntarles a un «perfecto» y a un teólogo católico qué puntos de conexión veían entre sus respectivas creencias. Uno y otro nos hubieran tomado por necios, o por locos, si les formuláramos semejante pregunta. Para el primero, la Iglesia romana era «la Gran Prostituta, la Bestia, la Babilonia renacida», una institución que, junto con el dogma que sostenía, encerraba todo cuanto era necesario detestar y combatir. Para el segundo, el catarismo era la peor herejía de la que se tenía noticia. En realidad, ni siquiera se la podía considerar herejía, sino una aberración del maniqueísmo que trataba de destruir no solo la religión cristiana, sino toda la cultura de Occidente; era el Mal en la peor de sus manifestaciones; algo que había que exterminar más que combatir.

Y, sin embargo, los cátaros se consideraban cristianos o, más bien, los cristianos primitivos y auténticos. Entre el dogma sostenido por la Iglesia católica y el que ellos mantenían no había puntos de contacto. El que se hubiera humanizado a Dios era una forma de idolatría. Los Evangelios —exceptuando, con muchos matices, el de San Juan— no eran más que relatos alegóricos sin mayor valor. Se atenían, por tanto, a Escrituras y tradiciones más antiguas que decían poseer.

De nuevo tenemos que referirnos aquí a esa doctrina o conocimientos secretos que era el patrimonio de los iniciados más sobresalientes. Dicha doctrina estaba plasmada en una serie de textos a los que, a veces, se referían como «sus secretos». La mayoría se perdieron tras la brutal represión que la Iglesia católica llevó a cabo contra los cátaros en el siglo XIII. Afortunadamente, se conservan dos textos cátaros muy significativos. El primero es el *Libro de los dos principios,* que está inspirado, como gran parte de la doctrina cátara, en el maniqueísmo. El segundo es una obra muy significativa: *La cena secreta* o *Interrogatio Johannis*. De esta última se conservan dos manuscritos, uno en París y otro en Viena.

La cena secreta resulta muy reveladora para nosotros porque en ella encontramos una serie de principios y afirmaciones que concuerdan plenamente con la creencia esotérica de los templarios. Cuando en esta obra Juan —nombre simbólico para los cátaros— le pregunta a Cristo sobre su vida terrenal, este le responde que todos los episodios que se mencionan en los Evangelios: nacimiento, bautismo, desplazamientos por Palestina, prendimiento y crucifixión, no son más que imágenes y manifestaciones superficiales de un trasfondo esotérico. El mismo Jesús lo había dicho muy claramente cuando afirmó que a «los de fuera» había que explicarles todo mediante parábolas. Los cátaros tenían muy presentes estas palabras.

Pero, además de este rechazo absoluto de la humanidad de Cristo, la doctrina cátara, al igual que la maniquea y la gnóstica, enfatiza en un punto capital: a la salvación solamente se puede llegar mediante el conocimiento. Y este conocimiento se puede conseguir si se interpretan rectamente los textos sagrados, liberándolos de toda cáscara anecdótica. Es necesario *saber,* conocer el sentido oculto de las Escrituras. La enseñanza es esotérica, nunca exotérica. En tal sentido, el símbolo desempeña un papel muy importante. Los templarios siempre participaron de este criterio.

«La orden de los cátaros», dice Jean Riviere al referirse a este movimiento, «fue esotérica; por su constitución, por sus iniciaciones, por sus ritos, por sus enseñanzas, pertenece a la gran línea de los esoterismos». Cabría preguntarse si no sería precisamente esta característica esotérica la que serviría de puente de acercamiento al otro gran movimiento del momento, la Orden del Temple. Al igual que esta, el catarismo, aunque brutalmente perseguido y prácticamente aniquilado, no llegó a desaparcer del todo, porque, como también asegura Riviere, los esoterismos no mueren tan fácilmente.

Una misión desafortunada

Como ya hemos dicho, la fe cátara se había extendido por el Languedoc con suma facilidad. Conviene reseñar, sin embargo, que no se circunscribía tan solo a esa tierra. Su presencia en el norte de Italia era también muy destacable. Ciudades de la Lombardía, del Milanesado, de la Toscana y la Romaña tenían sus correspondientes y bien nutridas iglesias. Colonia era el núcleo cátaro más importante de Alemania. La iglesia de Pogesa, en Bosnia, contaba con más de diez mil adeptos, y estos se agrupaban en núcleos muy importantes en otras regiones de la Europa central y meridional. No obstante, serían las ciudades de Toulouse y de Carcasona las que se mostrarían en el futuro como baluartes del catarismo.

Otra de las poblaciones que se convirtieron en un emblema para el movimiento fue la de Albi, que, según muchos historiadores, dio nombre a la famosa cruzada de exterminio que terminaría por llevar a cabo Roma. Sin embargo, no es probable —ni, mucho menos, seguro— que el término «albigense», con el que generalmente se conoce al movimiento cátaro, se debiera en absoluto a aquella hermosa ciudad occitana (cuna del pintor Toulousse-Lautrec, dicho sea de paso, que nacería en ella siete siglos más tarde), sino a referencias al color blanco, «albus», del ropaje de los pertenecientes a la legendaria secta maniquea de «los vestidos de blanco», cuya doctrina habría influido notoriamente en el movimiento cátaro. Es esta otra teoría que merece ser tenida en cuenta. Pero volvamos al enfrentamiento que se estaba generando entre las dos Iglesias, la católica y la cátara.

Al principio las partes adoptarán un planteamiento poco beligerante. Cierto que el Papa se mostraba muy preocupado por el cariz que estaban tomando las cosas en las tierras occitanas; pero no parecía estar dispuesto, o carecía de poder suficiente, para emprender acciones violentas. Así que optó por un primer contacto de tipo evangélico. En 1145 envió a San Bernardo a aquellas conflictivas tierras del Mediodía. El abad de Clairvaux ya no era por entonces un hombre joven. A sus cincuenta y cinco años había visto muchas cosas, y es probable que su vehemente temperamento se encontrara un tanto apagado. Pese a ello, seguía siendo una de las figuras más destacadas de la Iglesia. Era el hombre que marcaba las pautas de comportamiento a los poderosos de este mundo, el filósofo eximio, el teólogo que había logrado desbancar y hacer condenar al gran Abelardo.

Pero Bernardo no solamente era una figura de máximo relieve, era también un hombre de conducta intachable que podía codearse con el más conspicuo de los «perfectos». Si su oratoria persuasiva sabía encender el ánimo de sus oyentes, su rectitud moral constituía un ejemplo para cuantos lo conocían. Bernardo era la representación más brillante de la Iglesia romana. Y el Papa, que conocía muy bien las grandes virtudes de su enviado, no dudó de que con él lograría contrarrestar la oleada cátara.

En contra de lo previsto, la misión de San Bernardo constituyó un completo fracaso. Sus prédicas y sermones, lejos de convencer a las gentes, fueron motivo de burla y escarnio. La elocuencia y la sinceridad de que hizo gala no sirvieron para nada. Ante tamaña derrota, posiblemente la primera en su larga carrera de éxitos, el campeón de la Iglesia de Roma se vio obligado a reconocer que era imposible recuperar para la fe católica a aquellas gentes. Contrito, abandonó las tierras del Languedoc.

Las cosas se desarrollaron sin mayores contratiempos durante casi dos décadas, hasta que, veinte años después de la estancia de San Bernardo en tierras del Languedoc, el papa Alejandro III convocó en Tours un Concilio en el que se condenó «la abominable herejía venida del país de Toulouse». Pero aunque se decide a tomar medidas contra ella, todavía pasarán algunos años antes de que llegue el primer legado papal con poderes cautelares. Se producen algunas detenciones, pero la cosa no pasa de ahí.

Se inicia una «cruzada»

Como a Roma no le caben dudas acerca de las declaradas simpatías que las gentes del Languedoc muestran hacia la iglesia de los puros, nada más subir al solio pontífico el papa Inocencio III lanza un furioso anatema contra los cátaros y «contra todos aquellos, humildes o poderosos, que se nieguen a perseguirlos». Parece que ahora la cosa va en serio. Y como a las autoridades de la Iglesia católica no le inspiran demasiada confianza los obispos del Mediodía, envía nuevos legados con poder para juzgar a los herejes, retirando a aquellos la autoridad de que siempre estuvieron investidos. De este modo, se ponía la primera piedra del edificio de la futura Inquisición que pronto se encomendaría a los «perros del Señor», los *Domini canes,* o dominicos.

Un lamentable suceso se produce a mediados de enero de 1208. El legado del Papa, Pierre de Castelnau, tras una acalorada discusión con el conde de Toulouse, Raimond VI, parte hacia Roma. En el camino es asaltado por un jinete que lo mata de un lanzazo. Jamás se logró apresar al criminal, ni se supo muy bien qué órdenes obedecía al asesinar al legado papal. Pero esa muerte iba a ser el desencadenante de una guerra prolongada y sangrienta.

El hombre que va a dirigir las huestes papales es un personaje de temperamento despiadado: Arnaud Amalric, abad de Citeaux. Esta inicua figura pasará a la historia de la infamia por una de sus mayores «hazañas»: la matanza de Béziers. En esa ciudad, en cuyas iglesias se había refugiado la población, cátara y católica, para protegerse del asalto de los mercenarios «cruzados», Amalric pronunció aquellas terribles palabras: «¡Matadlos a todos, que Dios reconocerá a los suyos!», cuando alguien le preguntó cómo podrían distinguir a unos y a otros a la hora del ataque. Corría el año 1209. Tras la matanza, Arnaud Amalric escribió al Papa informándolo, muy ufano, de la toma de la ciudad: «Los nuestros, sin discriminar sexo ni edad, han pasado por las armas a veinte mil personas... la venganza de Dios ha sido formidable».

La toma y saqueo de Béziers, importante bastión cátaro, llena de pavor y consternación a todo el país. Una tras otra van entregándose las plazas más importantes. Queda tan solo Carcasona, en la que el joven vizconde Trencavel se dispone a resistir al avance de los cruzados. La ciudad está magníficamente amurallada y resultará muy difícil tomarla. Por si esto fuera poco su señor, el joven vizconde, goza del respeto y del afecto de sus hombres, que están dispuestos a defender la ciudad hasta el fin. Pero pronto se presenta un grave problema con el que no se contaba: el verano es excesivamente caluroso y el agua de las cisternas pronto se agota. Trencavel se esfuerza en llegar a un acuerdo con Amalric para poder salvar a la población. En vista de que esto no es posible, decide entregarse al enemigo, ganando con ello un tiempo precioso para que la plaza pueda ser abandonada en secreto por sus habitantes. Una vez en poder del jefe cruzado, este lo manda arrojar a un calabozo en donde el prisionero morirá en extrañas circunstancias pocos meses después, sin haber cumplido todavía los veinticinco años.

Un tal Simón de Montfort

Era la intención de Arnaud Amalric que las incautadas posesiones de Trencavel pasaran a manos de algún poderoso señor franco que quisiera ayudarle en su cruzada. Las ofreció nada menos que al duque de Borgoña y al conde de Nevers, entre otros, que las rechazaron sin pensarlo dos veces. Pero como suele suceder, siempre hay alguien que quiere medrar a cualquier precio, aunque en este caso sea afiliándose al partido de la Santa Madre Iglesia. El sujeto en cuestión se llama Simón de Montfort, que si bien es señor de amplios feudos, la codicia y una ambición sin escrúpulos lo animan a aceptar la oferta. Montfort es hombre inteligente, muy cruel, magnífico soldado y, por si fuera poco, fanático católico. Incorpora al tipo ideal para acaudillar las huestes cruzadas de Arnaud Amalric. A partir de ahora, Montfort será uno de los campeones del exterminio cátaro.

Poco a poco, unas presentando mayor resistencia que otras, gran parte de las fortalezas y plazas fuertes de la Occitania van cayendo en poder de los cruzados conquistadores. Allá por donde pasa, Montfort deja desolación, muerte e innúmeras hogueras humeantes. Las masacres ordenadas por él van desangrando el país y llenando con su dolor las páginas de la *Canción de la Cruzada*, memorándum del martirio cátaro. El Languedoc jamás ha vivido una tragedia similar. Todas las ciudades y tierras conquistadas a los nobles cátaros son rápidamente distribuidas entre los jefes de la cruzada. Nadie rechaza el sangriento botín. Nuevos obispos designados por Roma sustituyen a los que se consideran tolerantes con el catarismo. La codicia de los invasores se muestra a cada día que pasa como el único móvil de una guerra que se califica de «santa». Pero a pesar de los reveses sufridos, el catarismo parece crecerse en la adversidad.

En 1212 Simón de Montfort establece un decreto por el que convierte todo el Mediodía en una tierra completamente sometida al invasor. El expolio de los antiguos señoríos, de las villas y ciudades libres, en manos ahora de los capitanes cruzados, llega al punto en que el rey de Aragón, Pedro II, molesto por las arbitrariedades cometidas y la proximidad de un vecino indeseable, decide intervenir en el conflicto. Al fin y al cabo, el conde de Toulouse, Raimond VI, es en cierto grado pariente y vasallo suyo y, en justicia, debe ayudarlo. Como primer paso se pone en contacto con el Papa para que frene los desafueros de los jefes cruzados y haga restablecer la paz en el Languedoc. Pero Montfort se resiste. El odio que siente hacia el conde de Toulouse y el deseo de apoderarse de sus ricas tierras lo empujan a llevar a cabo una campaña de la que espera salir victorioso. Ante semejante actitud, el rey aragonés y el conde tolosano deciden unir sus fuerzas y presentar batalla a las huestes de los cruzados francos

Y así llega el mes de setiembre de 1213. El poderoso ejército aliado, superior al que ha podido reunir Montfort, se despliega frente a la pequeña población de Muret, a escasos kilómetros de Toulouse. La hábil estrategia planteada por el conde de Toulouse es rechazada por el ímpetu del rey aragonés —que pretende repetir sus hazañas de pasadas y gloriosas victorias— y por la impericia del conde de Foix. Se da, pues, la batalla en campo abierto. Y lo que pudo ser un claro triunfo para tolosanos y aragoneses se convierte en una estrepitosa derrota, incrementada por la muerte de Pedro II en el mismo campo de batalla.

La hoguera de Montségur

Dos años después de la desastrosa batalla de Muret, Inocencio III convocó el Concilio de Letrán. En él, y pese a la abierta oposición de los principales señores del Languedoc, el Papa entregó el condado de Toulouse a Simón de Montfort, convirtiéndolo de esta manera en el auténtico dueño de aquellas tierras. No hubo la menor reconvención por sus pasadas tropelías y matanzas. Al fin y al cabo, el caudillo cruzado era «un hombre valeroso y un fiel católico». Sin embargo, aquel individuo no iba a disfrutar de las mieles del triunfo durante mucho tiempo. Dos años después, incrementada nuevamente la resistencia por parte de los occitanos, muere en junio de 1218 en Toulouse, durante el ataque de que es objeto la ciudad en la que se vio obligado a refugiarse.

La muerte de Simón de Montfort fue un acontecimiento tan venturoso para el Languedoc que hasta los trovadores compusieron canciones celebrando el hecho. Pero la alegría no habrá de durar mucho tiempo. Tanto el papado como el rey de Francia están dispuestos a que la Occitania no se convierta en una región independiente, gobernada por señores herejes. La guerra entre el Norte y el Sur —convertida ahora en un asunto exclusivamente político— se prolongará durante años, terminando de devastar una región que no ve más que dolor y derramamiento de sangre.

Tras la gran batalla de Muret no vuelven a repetirse los enfrentamientos armados de envergadura. El Papa y el rey de Francia se han dado cuenta de que a los cátaros y a sus múltiples simpatizantes no se los puede vencer solo mediante la espada. Inician, por consiguiente, un tipo de lucha que consiste en minar las reservas de los herejes. Se queman los campos, se destrozan los viñedos, se aniquila el ganado y se ciegan los pozos. Este tipo de acciones se extiende por todo el Languedoc y se prolonga durante años. Por si tales medidas no resultaran suficientes, se implantan en la región con el máximo rigor los tribunales de la Inquisición.

Años atrás, Domingo de Guzmán, un joven monje español, había llegado a terrritorio cátaro con la intención de llevar de nuevo al seno de la Iglesia a cuantos la habían abandonado. Domingo era todo un asceta; caminaba descalzo por los senderos polvorientos, comía de las limosnas, mostraba en todo momento humildad y bondad de carácter, y predicaba; no se cansaba de predicar la fe católica y el arrepentimiento. De hecho, la orden religiosa que fundará en Tolosa en 1215 se llamará Orden de los Predicadores. Domingo de Guzmán, pese al ejemplo que daba por donde pasaba y a las acciones milagrosas que se dice que hacía, no logró su objetivo. Las gentes, cansadas de los excesos y de la corrupción de los clérigos católicos, se burlaba de él e incluso, a veces, lo maltrataba. Las conversiones que consiguió fueron tan escasas que, desanimado, quedó convencido de que con los cátaros no servían las buenas palabras. No obstante, hay que decir que quedó impresionado por las virtudes de todo tipo que manifestaban sus adversarios religiosos.

Por consiguiente, de ahora en adelante la orden de los dominicos —los «perros del Señor»—, más que a predicar, se va a encargar de castigar. En 1233 la Inquisición está en sus manos, con lo que podrán convertirse en los jueces más implacables del movimiento cátaro. Mostrarán con ellos el mismo furibundo rigor que exhibirán unas cuantas décadas más tarde con los templarios. La persecución traerá como inevitable secuela un reguero de delaciones, traiciones y cobardías. Los inquisidores, bien protegidos por sus hombres de armas, instauran un régimen de terror.

Y de este modo, entre escaramuzas, delaciones, venganzas y contravenganzas que están convirtiendo las tierras de la Occitania en un erial y arruinando sin misericordia una cultura como no se había visto igual en Europa, se llega a la primavera de 1243 y al episodio que pone punto final al drama cátaro: la caída de Montségur, el último bastión cátaro.

Esta enigmática fortaleza del Ariège languedociano ha levantado más polémicas y sugerido más teorías que el resto de las construcciones defensivas, castillos y bastiones cátaros de toda la región. Se ha dicho de ella que era una construcción religiosa de tipo esotérico, un inmenso calendario solar, un poderoso centro de fuerzas ocultas y, también, el lugar en el que los cátaros custodiaban el Grial legendario. Fuera lo que fuese, lo cierto es que Montségur presenta unas características singulares que impresionan al que las contempla desde la llanura. Aparece en la cima de un promontorio rocoso de muy difícil acceso, recortándose en el cielo como un navío majestuoso que navegara hacia dimensiones desconocidas. Su visión es como un aldabonazo en el alma, incluso para quien desconozca su trágica historia.

Pues bien, en esa fortaleza legendaria de Montségur se habían refugiado en la primavera de 1243 más de cuatrocientos fieles cátaros, de los cuales casi la mitad eran Perfectos, hombres y mujeres. El sitio se prolongó durante muchos meses, en cuyo transcurso se produjeron las habituales escaramuzas entre asaltantes y defensores. Parece ser que los sitiadores, los soldados del rey francés Luis IX —el San Luis de las crónicas—, ofrecieron alguna suerte de pacto que los defensores de la fortaleza rechazaron. Finalmente, a mediados de marzo de 1244 los asaltantes tomaron la fortaleza y desalojaron a sus ocupantes. Unos doscientos cátaros, hombres y mujeres, tomados de las manos y sin dejar de cantar himnos subieron a las hogueras en el lugar que hoy se sigue conociendo como *Campo de los quemados*.

Con la caída de Montségur, el movimiento cátaro —la Iglesia cátara, para una mejor denominación— quedó prácticamente extinguido. Evidentemente, tal circunstancia no impidió que su espíritu siguiera vivo durante mucho tiempo en distintos lugares de Occidente, impregnando nuevas líneas filosóficas y generando escuelas y movimientos de corte esotérico. Porque, como ya se ha dicho, no es fácil que esa clase de pensamiento llegue a extinguirse.

Pero ¿qué conexiones pudo haber entre cátaros y templarios? Al analizar las creencias religiosas, manifiestas en unos y más secretas en los otros, se encuentran muchos puntos en común. Los orígenes del catarismo hay que buscarlos en el maniqueísmo y en ciertas corrientes gnósticas, todas ellas surgidas en el Oriente Próximo. Sabemos la indudable influencia que tal línea filosófica tuvo sobre el pensamiento esotérico que alimentaba la Orden del Temple. El cristianismo de cátaros —pues siempre se consideraron cristianos— y templarios manifiesta muchas coincidencias, empezando por la idea que ambos comparten de la figura de Jesús, considerado más como un Maestro de Luz, como una emanación divina, que como el ser encarnado que terminó muriendo en la cruz. Para los cátaros, tal encarnación no tiene más que un valor simbólico; los templarios lo creen también. ¿Acaso hay que olvidar el acto de renegación del Cristo clavado en la cruz que forma parte del ritual de ingreso en la orden?

La simpatía que los templarios —o, al menos, amplios sectores del Temple— pudieron sentir hacia los cátaros tampoco es cosa difícil de suponer. No se sabe que tomasen parte directa en la llamada cruzada contra los albigenses; pero sí se tiene constancia de muchos renombrados cátaros que hallaron asilo en encomiendas y centros templarios. Por lo demás, unos y otros participaron en la búsqueda de un ideal religioso, con tintes caballerescos, que se concretó en esa legendaria «búsqueda del Grial». Una búsqueda en la que, en cierta medida, intervino otro movimiento —esta vez de carácter poético— que se definió con las expresiones de *Gay Saber* o *Gaya Ciencia.*

CAPÍTULO V

Trovadores, cátaros y templarios

∾

E N esas mismas tierras de Oc en las que acabamos de ver el exterminio del movimiento cátaro, y en esos mismos siglos que presenciaron su difusión y crecimiento, nació un arte poético que marcaría no solo el cenit de la poesía lírica europea, sino también un sistema muy hábil de transmisión del saber esotérico. Nos estamos refiriendo a esa *Gaya Ciencia* o *Gay Saber*, al que se adhirieron los trovadores más significativos del Languedoc y que no siempre ha sido del todo comprendido.

Los comienzos del arte de los trovadores hay que buscarlos en pleno siglo XI y en la figura de Guillermo, séptimo conde de Poitiers y noveno duque de Aquitania, que vivió desde 1071 a 1126. Este personaje, que a los quince años poseía un territorio mayor que el del rey de Francia, del que sin embargo era vasallo, se armó cruzado a los veinticinco años, cayó preso en una emboscada en Asia Menor y, tras ser recibido por el rey Balduino en Jerusalén, regresó en 1102 a su tierra natal. Allí se dedicó a las mujeres, a la poesía y a la gresca con otros señores feudales; guerreó también contra los musulmanes en España, apoyando al ejército del rey de Aragón, Alfonso el Batallador. Hombre de fina ironía, gran sentido del humor y muy aficionado a burlas y escarnios, Guillermo de Poitiers se casó varias veces, tuvo por amantes a famosas mujeres y fue excomulgado repetidamente. Él constituye, sin embargo, el primer trovador del que se tienen abundantes noticias.

A partir de este pintoresco personaje, la *Gaya Ciencia* —el *Gay Saber*— florece y se extiende por todo el Languedoc, y de ahí pasa a España y Portugal, a Italia y Alemania. Sus siglos de esplendor fueron el XII y el XIII, siendo su último representante el trovador valenciano Ausias March, muerto en 1459.

El arcano arte del *trobadour*

La imagen que suele tenerse del trovador —esa figura convencional que cualquiera comentaría sin el menor recato— nada tiene que ver con la realidad de ese artista medieval. Poesía y música son los dos elementos de que se vale para exponer su mundo más íntimo —en el que a veces está actuando el inconsciente— y el otro universo que lo rodea y que, en tantas ocasiones, lo agobia y lo acosa. Nada más lejos de la frivolidad que el buen trovar, nada más profundo tampoco. Los centenares de trovadores que a lo largo de casi tres siglos crearon una de las formas más bellas de la manifestación poética con la que, con mucha frecuencia, se transmitía ocultamente el conocimiento sagrado, sabían a la perfección el papel que estaban jugando en la sociedad a la que, a gusto o no, pertenecían.

El trovador procede de distintos estratos sociales. Desde reyes, grandes señores, obispos y canónigos, hasta burgueses y gente de baja condición destacaron en el arte del bien trovar; incluso hubo un papa, Inocencio IV, del que por desgracia no se conserva ninguna de sus poesías líricas —solamente han llegado hasta nuestros días siete pequeños «gozos» a la Virgen—, pero de quien se sabe con certeza que se dedicó al arte de trovar. Así pues, podemos encontrar notables trovadores en cualquier capa de la sociedad, no solo del Mediodía francés, sino en todos los países en donde se cultivó este arte.

En esta o aquella corte, el trovador goza de prestigio y respeto. Especialmente en el Languedoc, en donde no pocos de los grandes señores mantuvieron escarceos con la poesía lírica, el *trobadour* constituye una figura entrañable a la que se tiene en alta estima. Por su parte, él se relaciona con otros compañeros, intercambia puntos de vista con ellos y los hace partícipes de sus hallazgos literarios. Viaja, toma parte en las Cruzadas a Tierra Santa, conoce la poesía de los árabes y sabe asimilarla. No suele mostrarse soberbio ni orgulloso, y aunque alcance el favor de los poderosos, e incluso sea hecho caballero, no despreciará a otros colegas de condición más humilde y de saber más rudimentario, como son los juglares.

El trovador es consciente del papel que desempeña y se muestra por lo general fiel a su arte. Es el caballero de la poesía que rendirá manifiesto homenaje a su Dama. Una Dama de características inmateriales a la que rendían culto los cátaros, y que tampoco era desconocida de los caballeros templarios.

Dos son los modos que tiene el trovador para crear su arte: el *trobar plan* y el *trobar clus* o *trobar ric*. En la primera de estas formas lo que se dice es lo que, en definitva, se quiere decir; no hay doble sentido en las palabras escritas. El otro modo, el *trobar clus*, es mucho más complejo. Trovar es inventar y descubrir, pero, sobre todo, es utilizar las palabras dotándolas de un sentido diferente al que suelen tener. Los trovadores del Languedoc son maestros en este empleo del tropo, de la ambigüedad, del hermetismo. Se ufanan de su arte y afirman que pocos serán los que entiendan el auténtico sentido de sus poesías. Si el trovar ya es de por sí una forma compleja de expresión poética, el *trobar clus* es rizar el rizo.

La *Dama* de los trovadores

El trovador se entrega al «amor cortés», al *Fin Amor*, cuyo objeto es esa Dama misteriosa. Lograr su aprobación, conseguir su amor, es la meta deseada del trovador hermético. Pero ¿qué clase de amor es ese al que se entrega en cuerpo y alma? Pues un amor que nada tiene que ver con el placer carnal; un sentimiento que se va depurando a medida que se vive. Un amor que requiere precisamente de la castidad para verse coronado y satisfecho.

Ante tal situación cabe preguntarse qué Dama es esa que solicita que se la ame de semejante manera. Los trovadores la llaman «Verdadera Luz», «Única Salvación», se entregan a ella sin reparos: «Tomad mi vida si os place, Dama que difícilmente entregáis vuestras mercedes, siempre que me concedáis el don de ir al cielo por vuestra mediación», dice fervorosamente un trovador.

Nada tiene, pues, que ver esa Dama mistérica con un ser de carne y hueso. Se trata de un símbolo, de una representación, de un concepto, tal vez de una doctrina. Y si así fuera, ¿de qué doctrina hablamos? ¿Quizá, de la *Sophia* gnóstica, del esotérico Principio Femenino con atisbos marianos o de la propia fe cátara? Sobre este punto, hay teorías para todos los gustos y muy encontradas, por cierto. Porque mientras unos historiadores rechazan de plano la conexión que pudiera haber entre el catarismo, las doctrinas maniqueas y el gnosticismo con el —llamémoslo así— movimiento trovadoresco, otros investigadores postulan abiertamente tal conexión.

El hecho constatable es que la poesía trovadoresca vivió su momento de mayor esplendor en paralelo con el máximo desarrollo del movimiento cátaro. Y muchos de los trovadores de mayor renombre encontraron la mejor recepción en palacios y castillos de señores simpatizantes con el catarismo. Peire Vidal, por ejemplo, canta lo siguiente: «Mi corazón se solaza en el castillo de Fanjeux, que me parece el Paraíso. En él se encierran Amor y Gozo, al igual que todo cuanto encaja con el honor, la cortesía verdadera y perfecta». Pero Fanjeux es uno de los lugares fuertes del catarismo, un castillo en el que los Perfectos han creado una especie de convento. La alusión al lugar representa una clara vinculación con la fe cátara.

La *Dama* ocupa el puesto privilegiado en esta escalada del amor perfecto. Hay autores que afirman abiertamente que la Dama de los trovadores es la doctrina cátara. Una afirmación arriesgada que, no obstante, se ve confirmada por los registros de la Inquisición de Toulouse, en los que consta que, para los cátaros, Nuestra Señora —o la Dama, si hablamos el lenguaje trovadoresco— nunca había sido un ser humano, sino el símbolo de su Iglesia.

La conexión entre el catarismo y el movimiento trovadoresco parece mostrarse bastante consistente. La Iglesia del Amor vincula y acoge a unos y a otros. El ensayista suizo Denis de Rougemont escribe: «El secreto de los trovadores era, en resumen, toda una evidencia simbólica para los iniciados y simpatizantes de la Iglesia del Amor». Es posible que lo mismo pensaran siete siglos antes los miembros de la Inquisición de Provenza que consideró herética la poesía de los trovadores. Muchos de los que habían frecuentado las cortes señoriales del Languedoc —infestadas, para la Iglesia de Roma, de la herejía cátara— se vieron obligados a abandonar su tierra, otros a dejar de componer sus obras si no querían terminar sus días en la hoguera. Finalmente, se tuvo que optar por modificar el simbolismo de la *Dama* convirtiéndola en la Virgen Santa María. Pero todos sabían a quién se estaban refiriendo cuando mencionaban ese nombre.

Trovadores, cátaros ¿y templarios?

No pretendemos en modo alguno establecer nexos apodícticos entre nuestros caballeros templarios, los creyentes cátaros y los creativos trovadores. En realidad no disponemos de argumentos de peso, ni de abundante documentación histórica que avalen dicha vinculación. No obstante, al tocar este tema, y a la vista de ciertos hechos irrefutables, quisiéramos exponer una teoría que no nos parece muy descabellada. (Y sobre la que, como en tantos otros puntos enigmáticos expresados en esta obra, quisiéramos que fuera usted, lector, el que sacase sus propias conclusiones.)

Hemos visto que el movimiento cátaro —como, antes de él, el bogomilo— tiene dos raíces. Una se entierra en el maniqueísmo y otra en el gnosticismo. Cierto es que los cátaros siempre se consideraron cristianos —los auténticos y primitivos cristianos—, y que no mencionaron a Mani en sus escritos; pero cierto es también que, según hemos visto en páginas anteriores, la concepción que tienen de la lucha entre los dos principios opuestos, la creencia en la maldad del mundo material y en la metempsícosis, es netamente maniquea.

Por lo que se refiere a la otra raíz, la gnóstica, parece que la cosa está también bastante clara. El cátaro buscaba la Luz a través del Conocimiento. En un libro de Clemente de Alejandría —autor al que ya nos hemos referido en esta obra— aparece una definición de lo que es el conocimiento gnóstico: «Es el conocimiento de nuestra esencia y de aquello en lo que hemos devenido; del lugar que antes ocupábamos y del que ahora ocupamos, tras haber sido arrojados de él». En resumen, este es el conocimiento que buscaban los cátaros. Para ellos había dos creaciones: una creación buena y otra mala. El alma, que pertenece a la primera, ha sido exiliada y es prisionera de la segunda. La salvación solamente se puede conseguir mediante el conocimiento iluminador. Todo estos principios son eminentemente gnósticos; o, para decirlo de otro modo, el catarismo es una forma de cristianismo gnóstico.

Por su parte, los trovadores bebieron de estas fuentes y trataron de transmitir una forma de conocimiento a través de su *Gaya Ciencia*, una ciencia que es, a la vez, de alegría y de sufrimiento. Muchos de los grandes trovadores habían partido a las Cruzadas. En Oriente tuvieron ocasión de contactar con los poetas árabes, de asimilar buena parte de aquel misticismo que impregnaba la poesía sufí y que después volcaron en su poesía: la preeminencia del Amor, de ese amor que constituye toda una línea de conducta y de conocimiento, de filosofía y sensibilidad artística.

Y después está el lenguaje secreto, el *trobar clus*, que los trovadores muy bien pudieron aprender también de aquellos maestros en el arte de establecer una comunicación solo accesible a sus adeptos.

Tenemos, por tanto, razones suficientes para establecer una conexión entre cátaros, los «buenos hombres» pertenecientes a la Religión del Amor, y los trovadores, esos cantores esotéricos del Amor. Pero ¿y los templarios? ¿Qué tienen que ver los caballeros de la Orden del Temple en esta relación entre herejes y poetas?

Hemos hablado ya de la simpatía que los templarios pudieron sentir hacia aquellos hombres de fe limpia y buena conducta; de aquellos promotores de un cristianismo liberado de las miserias y corrupciones de la Iglesia de Roma; de aquellos caballeros descalzos que, por toda arma, llevaban un báculo de peregrino. El respeto que su actuación les inspiró no debió ser poco. ¿Hubo contactos entre los Grandes Maestres de la orden y los Perfectos más señalados? Es muy posible. Compartían en secreto algunos de los principios sobre la figura de Jesús y sobre la búsqueda de un Conocimiento que no se encontraba en las Escrituras ni en los textos religiosos convencionales. La fe de unos y otros se arraigaba en un cristianismo primitivo que se había nutrido de corrientes religiosas de corte esotérico. Había entre ellos abundantes puntos de contacto. Incluso habrían de compartir —con algunas décadas de separación— algunos de los cargos que se les imputaron a unos y otros en los tribunales de la Inquisición. La sodomía, por ejemplo.

Cátaros y templarios vivieron el esplendor de la poesía trovadoresca. La misteriosa *Dama* de la lírica provenzal no era extraña ni a los *bons hommes* ni a los caballeros del Templo, porque todos ellos tenían una idea muy clara de lo que simbolizaba aquella Señora hermética. Y, por si fuera poco, también compartían, de uno u otro modo, el mismo principio: *La fe sens obras morta es*, muerta está la fe sin obras. Pero, además de todo esto, ¿los uniría, tal vez, la búsqueda —o la posesión— de algún secreto, de algún tesoro inmarcesible con el que pudiera alcanzarse la transformación del ser humano?

CAPÍTULO VI

El Temple, el Grial y el Tarot

S E ha escrito, con acierto, que el Grial es un misterio tejido con hilos de múltiples colores. La fascinación que ejerce este mito es notablemente superior a la motivada por cualquier otro de la tradición de Occidente. Su fuerza es tal que sigue conmoviendo nuestra imaginación y nuestro espíritu, gracias a la vitalidad del simbolismo de su significado tan diverso y, en muchos casos, contradictorio.

En gran medida, aciertan quienes aseguran que al mencionar el mito griálico se dispara en la psique del hombre occidental un mecanismo inconsciente de trascendencia, de búsqueda de la integridad total. Una búsqueda que se muestra tan necesaria en nuestro tiempo fragmentado y neurótico como lo fue en los siglos XII y XIII, la época de esplendor del catarismo, de la *Gaya Ciencia* y de los caballeros de la Orden del Temple.

Antes de seguir adelante con el tema que vamos a tratar, quizá valga la pena relatar una curiosa anécdota. Durante el periodo nazi, Otto Rahn, un escritor y periodista alemán bastante conocido por sus arbitrarias teorías de índole esotérica, afirmó saber cuál era la enigmática fortaleza en la que se guardaba el Grial. Dijo haber realizado intensas investigaciones al respecto y aseguró que los cátaros, poseedores del santo vaso, habían ocultado en la fortaleza de Montségur dicha reliquia, que no era otra cosa que un misterioso objeto de poder. Incluso parece ser que se llevaron a cabo expediciones a este último santuario cátaro por orden de las autoridades nazis. Que se sepa, esta expedición nunca logró el objetivo propuesto; porque la tradición asegura que en los últimos momentos del asedio de la fortaleza, varios caballeros lograron burlar el cerco de las tropas reales y se evadieron portando consigo el valioso objeto junto con otros muchos tesoros. Se conoce el nombre de dos de estos caballeros que lograron poner a salvo su precioso cargamento. Ciertamente, Montségur había constituido no solo un enclave espiritual de primera magnitud, sino también el lugar en el que se custodiaban gran parte de las reservas financieras de los cátaros.

El Grial y sus adalides

La raíz etimológica del término *graal*, del que se deriva «grial», se encuentra según algunos autores en la voz celta *gar*, piedra. Otros, por el contrario, mantienen la teoría de que la palabra proviene del francés arcaico *gréal*, que significa «vasija en forma de copa». Ambas acepciones, piedra o vasija, desempeñaron un importante papel en el desarrollo del mito.

Cuenta una leyenda de origen céltico —aunque posteriormente adaptada a la tradición cristiana— que el Grial fue el recipiente, vaso o copa sagrada en que José de Arimatea recogió la sangre de Jesús en el trance de la crucifixión. En otras versiones se afirma que fue la copa empleada por el Maestro en la Última Cena. Sea como fuere, no hay duda de que el vaso sagrado podría poseer ocultos e inestimables poderes. La tradición sigue diciendo que tras la muerte de José de Arimatea —sucedida posiblemente en tierras occitanas—, el Grial fue guardado en un lugar secreto, al que solamente podían acceder caballeros iniciados que demostraran una máxima pureza de espíritu.

Entre los diversos autores que han tocado en profundidad la leyenda del Grial hay que destacar dos figuras de relieve: el francés Chrétien de Troyes y el alemán Wolfram von Eschenbach. Del primero no se tienen muchas noticias; se sabe que como poeta estuvo activo entre los años 1160 y 1190, que era natural de la región de Champagne, y que desarrolló gran parte de sus actividades en la corte del conde de Troyes, si bien poco se conoce del papel que pudo desempeñar en ella. (Advirtamos, de pasada, el marco geográfico en que vive el poeta, la región de Champagne, tan vinculada, y precisamente en esos años, a la Orden del Temple). Por lo que se deduce de sus obras, Chrétien debió ser un hombre de notable cultura, por lo que es casi seguro que debió cursar el *trivium* y el *quadrivium*, los clásicos estudios humanistas de la Edad Media.

A Chrétien de Troyes, a quien se considera el mayor poeta medieval antes de Dante, se debe una pequeña obra, *Perceval o El cuento del Graal,* que quedó interrumpida a su muerte, y que fue continuada por distintos autores. Es importante señalar que en las páginas de esta obra no solo se aprecia un acercamiento a la ideología trovadoresca, sino también al tema de la búsqueda espiritual. Se trata de «una fantasía profundamente humana, en la que se ven comprometidos los valores más íntimos del espíritu», como muy bien se ha dicho.

De Wolfram von Eschenbach, el segundo de nuestros autores, tenemos más datos. Se sabe que nació en Eschenbach, localidad de Franconia, en 1170, y que murió, probablemente en ese mismo lugar, cincuenta años más tarde. Pasó largas temporadas en la corte del langrave Herman de Turingia, y es posible que allí conociera al más grande de los poetas del *minnesang*, Walther von der Vogelweide. Wolfram retomó la obra de Chrétien de Troyes y escribió un poema caballeresco de gran extensión —sin duda el más amplio y profundo de toda la lírica medieval alemana— titulado *Parzival, Parsifal.*

En esta obra, el autor nos dice que el Grial no es un vaso ni una copa sagrada, sino una piedra preciosa que se encuentra muy bien custodiada por una serie de caballeros sin tacha, en el castillo de Montsalvache o Montsavage. Eschenbach no duda en dotar a su milicia —y de modo inequívoco— de todas las señas exteriores propias de la Orden del Temple: cruces rojas, mantos blancos. Pues bien, al castillo llega el caballero tras una serie de largas y complejas aventuras. Debido a sus repetidas muestras de virtud se le permite no solo contemplar el Grial, sino convertirse en su guardián y custodio.

Wolfram von Eschenbach es un personaje de significativa importancia en nuestra historia. Afirma que para escribir su obra se basó en el material recibido de un trovador «de las tierras del Languedoc», un tal Kyot o Kioth de Provenza. Este, por su parte, había estado en contacto con un extraño personaje de nombre Flegetanis, venido de Oriente. Su relación con otros grandes trovadores —como el ya mencionado Vogelweide— adictos a la causa imperial y, por tanto, enemigos de la Iglesia de Roma y simpatizantes con las corrientes místicas y esotéricas del momento, lo llevaron a hacerse caballero templario.

Los guardianes del Grial

La obra de Wolfram von Eschenbach, el *Parzival*, constituye un magnífico punto de referencia a la hora de establecer la vinculación entre el Grial y la Orden del Temple. En sus páginas, el trovador alemán hace a los templarios guardianes del recipiente sagrado, cosa en la que insiste en otros textos suyos. Pero la conexión entre esa búsqueda —¿mística o real?— del Grial y los templarios no se limita exclusivamente a las manifestaciones de Eschenbach, quien veía claramente relacionada la orden con uno de los misterios más sobresalientes de la tradición occidental. Otros autores insisten en este nexo, como es el caso de Robert de Boron, autor francés contemporáneo de los anteriores, que en su *Estoire du Graal*, o *Joseph d'Arimathie*, menciona una serie de puntos que podrían encajar muy bien en la misma teoría.

Ya en el siglo XX, investigadores de corte esotérico de la talla de Julius Evola admiten la posibilidad de esta «caballería espiritual del Grial», afirmando que entre las distintas órdenes caballerescas existentes en la época, los templarios fueron los que más y mejor sobrepasaron la doble limitación que se había establecido. En primer lugar, por el simple ideal guerrero de la caballería laica; y, en segundo, por el ideal ascético de sus órdenes monásticas.

Es muy posible, como afirma Evola, que la lucha contra la Orden del Temple tuviese mayores motivos que la emprendida contra los cátaros, al convertirla en una auténtica cruzada contra el Grial. Evidentemente, como veremos en su momento, el deseo de aniquilar a los templarios tenía otros motivos de orden mucho más material; pero el temor a que se instaurara en Occidente una corriente heterodoxa, que rechazase plenamente el dogmatismo prescrito por la Iglesia de Roma, tuvo que representar un elemento determinante en la persecución de ambos movimientos, el cátaro y el templario. Y en este terreno, la veneración y búsqueda del misterioso Grial tuvo mucho que ver.

Los caballeros del Temple, en su doble vertiente de militares y monjes, sabrían entender muy bien lo que decía Wolfram von Eschenbach: «Aquel que desee conquistar el Grial tendrá que luchar y abrirse paso con la espada, si quiere llegar a donde se encuentra». En este camino de arduo recorrido se producirá una milagrosa transformación mediante la cual la caballería terrenal se convertirá en caballería espiritual. Porque el caballero que busca el Grial ha de enfrentarse, además de a los múltiples obstáculos exteriores, a los otros que conlleva su propia realización interior, los cuales resultan mucho más difíciles de superar.

Al llegar a este punto, se nos ocurre formular una pregunta que tal vez más de uno se haya hecho. ¿Y si el Grial, más que la meta, fuera el camino? ¿Y si ese acceso al castillo bien guardado, esa difícil empresa caballeresca, constituyese la plasmación más íntegra y luminosa de lo que en realidad representa el Grial? Sendero, y no meta; proceso, y no resultado. En esta ocasión, como en muchas otras a lo largo de este libro, será usted, lector, el que dé respuesta a la pregunta.

Un prodigioso tesoro

Ya sea objeto inmaterial, copa o vaso sagrado, piedra preciosa o, una tercera combinación de estas dos últimas, es decir, copa sacada de esa gema magnífica, el Grial posee cualidades inefables. En primer lugar, posee la virtud de la Luz, de la capacidad iluminadora para aquel que lo contempla. Todos los autores están de acuerdo en esta característica. Chrétien de Troyes habla de una «claridad tan grande como la luz de las estrellas». Robert de Boron nos dice que con la aparición del Grial en la prisión de José de Arimatea esta se llenó de luz. Y, para Wolfram von Eschenbach, el Grial es también «la piedra de la luz», añadiendo que a su lado todo resplandor terrenal es nada.

La segunda virtud del Grial es su capacidad para nutrir, para dar el alimento que «más se pueda desear en el mundo». Es, al mismo tiempo, un manjar con características que se adecuan a cada comensal, a fin de que cada uno reciba lo que necesita. Pero todo ello hay que interpretarlo en su verdadero sentido; es decir, como una capacidad de dar vida, de «alimentar» de verdadera Vida.

Esta segunda cualidad del Grial se manifiesta también como un poder para curar heridas mortales y prolongar la vida. Es una fuerza renovadora que logra la plena recuperación de la juventud perdida. En este sentido podemos observar una notable semejanza con las virtudes que se atribuyen a la Piedra Filosofal.

Pero no hay que olvidar que el Grial también posee una temible capacidad destructora. Puede cegar y aniquilar. Su luz fulmina a aquel que no está preparado para su contemplación. En diversos textos sobre el Grial es posible apreciar este peligroso poder, esta fuerza sobrenatural que actúa fatalmente sobre los individuos ambiciosos que desean poseerlo sin ser merecedores de tal don. Y, de este modo, si bien para Wolfram constituye «la piedra de la luz, la perfecta satisfacción de cualquier deseo, ante la cual todo resplandor terrenal es nada», y el caballero Galahad afirma en la *Queste du Graal* que ante su presencia logra ver claramente aquello que la lengua jamás podría expresar ni el corazón pensar, no es menos cierto que puede representar un arma terrible y mortal para el caballero indigno.

Pero quede claro que tanto el benéfico efecto de las virtudes del Grial como su posesión no se conseguirán mediante una búsqueda exterior, sino mediante un proceso de integración interior. No se trata de lograr el éxtasis místico, sino la conquista del poder primordial que se encuentra alojado en lo más profundo del ser humano.

Y este poder y esta fuerza son las que sin duda trataban de desarrollar los Perfectos de la Religión del Amor, las que conocían los caballeros templarios y las que cantaban en sus herméticas canciones los trovadores del *Gay Saber.*

Por lo demás, nada tiene de particular que, al margen de este poder interior que constituye la auténtica realidad del Grial, existiera un precioso objeto material que tal vez formara parte del tesoro salvado por un puñado de caballeros cátaros del asedio de Montségur, y que tal objeto fuera conocido de los templarios. Un objeto que, con seguridad, poseería un valor incalculable. Tengamos presente a este respecto que Guillaume de Sonnac, Gran Maestre del Temple desde 1247 a 1250, o sea, pocos años después de la caída del último bastión cátaro, regaló al rey de Inglaterra, Enrique III, un objeto del que nada se sabe pero que debía ser valiosísimo cuando lo envió custodiado por una considerable escolta de caballeros templarios. ¿Tendría algo que ver este singular objeto con el Grial o, al menos, con una pieza preciosa del tesoro cátaro? Una vez más, la pregunta queda en el aire.

El sagrado Principio Femenino

De lo que podemos estar seguros es de que fuera cual fuera el objeto sagrado que representaba el Grial, nada tendría que ver con la cruz. «Que jamás sea yo salvado por este signo», es una frase que muestra la aversión que el cátaro experimenta por la cruz cristiana. Los caballeros del Temple, como veremos en su momento, tampoco creen en tal signo. El Jesús cátaro y el templario muestran una misma dimensión. Ni unos ni otros admiten en él esa naturaleza humana que pereció en la cruz. Y si bien los cátaros pretendían ser los custodios de un conocimiento superior y de una espiritualidad sin duda más pura que la católica, no hay que olvidar que los caballeros del Temple eran, a su vez, los guardianes del Templo, con todo lo que conlleva ese ministerio.

Revisemos una vez más la representación externa del Grial. Ya sea copa sagrada o gema preciosa, la vinculación con el principio femenino es evidente. El Grial cátaro sería en este sentido la «joya de la compasión», la piedra brillante que ilumina el mundo y borra todo deseo. Según algunos autores, el odio que los cátaros profesaban a la Iglesia de Roma se debía en gran medida a que la consideraban como una continuación del profundamente viril culto mosaico, entendiendo que el Dios de Moisés era el dios de la materia, un dios que se mostraba del todo opuesto al del amor. Los gnósticos, con Marción a la cabeza, participaban plenamente de esta idea. Y si hubo una región en Occidente en la que arraigara tal creencia, esa región fue la Occitania.

El Languedoc, como ya hemos visto, fue la tierra privilegiada de la lírica trovadoresca, del *Gay Saber*. Fue también, y al mismo tiempo, la sede del más poderoso movimiento cátaro; y la veneración por la *Dama* era algo que unos y otros compartían. Por lo que respecta a nuestros caballeros templarios, ¿no fue acaso Bernardo de Claraval, mentor de la orden, un fiel defensor del culto a María?

La mujer, o más bien el Principio Femenino, representado por la venerada copa o por la gema preciosa, sería una manifestación de la Sabiduría, del conocimiento superior tan ansiado por todas esas corrientes del cristianismo heterodoxo. De este modo, las mujeres simbólicas de la Iglesia del Amor

—incluyendo, por supuesto, la Beatriz del Dante— no serían más que una sola, la cual representaría la doctrina secreta, la «Santa Sabiduría».

Pero la preocupación de la Iglesia de Roma por acabar con la herejía albigense y sus abundantes secuelas, hizo que, una vez exterminado brutalmente el movimiento cátaro, muchos de sus principios tuvieran que pasar a la clandestinidad. De nuevo había que adoptar un sistema eficaz, un código secreto con el que se pudiera escapar al control de la Iglesia; y los trovadores se ocuparon de esa tarea, logrando que la llama no se extinguiera. Se buscaron también otras fórmulas, otros mecanismos de simbolismo hermético, diferentes en la forma pero idénticos en el fondo. Y esto nos lleva a hacer una breve incursión en un universo por demás sugerente, el mundo de unos símbolos que representaron un magnífico medio de ocultación del pensamiento prohibido: el Tarot.

Las claves del Tarot

Es muy posible que en más de una ocasión haya tenido usted, amigo lector, una baraja de Tarot en las manos, preguntándose dónde se pudo originar un conjunto de cartas tan variopinto y emblemático. Pues bien, hemos de decir, en primer lugar, que encontrar los orígenes ciertos de las cartas del Tarot no es tarea fácil, dada la diversidad de procedencias, tanto en el tiempo como en el espacio, que se le atribuyen. Hay autores que mantienen la teoría de que las veintidós imágenes de los Arcanos Mayores proceden del libro egipcio de Thot Hermes, símbolo de la ciencia del universo. Por el contrario, un gran estudioso del tema, Oswald Wirth, asegura que la arqueología todavía no ha descubierto pruebas fehacientes que demuestren la existencia de lo que pudiera constituir un Tarot egipcio, ni siquiera de alguno de procedencia árabe o alejandrina. Sin embargo, añade que los diseñadores de las cartas debieron estar muy familiarizados con la Cábala, teniendo en cuenta el número de los Arcanos Mayores, 22, idéntico al de las letras del alfabeto hebreo, y el simbolismo de las cartas, que recuerdan los jeroglíficos utilizados por los hebreos para la adivinación.

Al margen de estas especulaciones que bien pudieran resultar ciertas, el hecho constatado es que la baraja más antigua existente hoy día data del siglo XIV. No obstante, se sabe que la familia de los Visconti, señores de Milán, disponía ya en el siglo XIII de un juego de cartas de Tarot. Las conexiones de estos naipes con la tradición oculta no pasó desapercibida a la Iglesia, que los condenó por heréticos. Curiosamente, dos de los ilustres miembros de esa familia, Matteo Visconti y su hijo, fueron condenados por el papa Juan XXII por «prácticas de hechicería y herejía».

El hecho de que la Iglesia católica condenara las cartas de Tarot por heréticas da una buena pista sobre la simbología hermética de las mismas. Autores como la investigadora norteamericana M. Starbird creen que la baraja que poseía el malhadado rey francés Carlos VI, que pasó gran parte de su vida con la razón extraviada en extraños delirios, constituía un sucinto tratado hermético de las herejías languedocinas.

Una vez que, aparentemente, quedó aniquilado el catarismo en el Mediodía francés, aquellos creyentes y simpatizantes que lograron huir extendieron sus principios por el resto de Europa; y, paralelamente, las incipientes cartas del Tarot también empezaron a aparecer en muchas de las cortes europeas. Nada tiene de particular que la especie de código secreto que subyacía en las imágenes de estas cartas fuera conocido de los caballeros del Temple o, cuando menos, de aquellos que lograron sobrevivir a su persecución. En realidad, se trataba de un lenguaje hermético que tenía cierto paralelismo —diferente en la forma pero de similar contenido— con las canciones y poemas de los trovadores. El conocimiento esotérico trataba de sobrevivir a los embates del orden y el poder ortodoxos que pugnaban por exterminar cuanto socavase su hegemonía.

La simbología de los Arcanos Mayores, las veintidós cartas más significativas, es tan evidente que no es de extrañar que la Iglesia las hubiera condenado por heréticas. Aunque cada una de ellas representa elementos capitales en el esoterismo medieval, a nosotros nos resultan de particular interés cuatro triunfos: la Papisa, la Rueda de la Fortuna, el Ahorcado y la Muerte. Vamos a revisarlos brevemente.

Cuatro Arcanos para el Temple

La Papisa es el símbolo del conocimiento femenino, de la inmensa fuerza matriz y primordial, siempre presente en la base de las innumerables corrientes del hermetismo desde tiempos inmemoriales. Es la Virgen Negra, la Virgen Madre, la Dama. Es la síntesis del principio femenino concebido, en este caso, como la *Sophia,* tan cara a los gnósticos y a los cátaros. Es la María transformada por el catolicismo medieval, a la que Bernardo de Claraval venera, y el gótico inspirado por el Císter convierte en la Nuestra Señora de tantas catedrales. Una Dama que se encuentra cerca de aquella Magdalena evangélica, de la Juana de la Iglesia del Amor, de una fuerza generatriz que resulta bien conocida de los caballeros templarios.

El segundo de los arcanos del Tarot al que nos referiremos es la Rueda de la Fortuna. Es la décima de las cartas mayores y, como tal, cifra hermética por antonomasia, considerada el número de la perfección desde el antiguo Oriente, y a través de las escuelas pitagóricas, hasta los primeros siglos del cristianismo. La Rueda de la Fortuna es un concepto que adquiere gran relieve en la Edad Media, como símbolo de la mutabilidad, de la transformación y del cambio inherentes a todo proceso vital. Y al hablar de cambio también podríamos considerar como acertada alguna teoría que ve en él la dramática modificación experimentada por la Orden del Temple a raíz de su persecución a principios del siglo XIV. El año 1307 la

Rueda de la Fortuna dio un giro brutal a la Orden del Temple, transformando su antiguo esplendor en desgracia.

Y, al continuar las referencias a nuestros caballeros templarios, hemos de mencionar las otras dos cartas del Tarot, el Ahorcado y la Muerte. La primera ha generado siempre profundas incógnitas, lo que naturalmente permite establecer sobre ella no pocas hipótesis. Una de ellas sugiere la posibilidad de que se tratase precisamente de ese templario que, pese a las torturas a que se le somete, sigue manteniendo sujeta con firmeza en su mano la bolsa del tesoro. De ese tesoro que nunca fue confesado, tal vez, porque no se trataba exclusivamente de un tesoro material.

Y, por último, tenemos una carta singular: la Muerte. Ocupa el puesto trece de los arcanos y su simbolismo es llamativo. En el llamado Tarot Grigonneur —nombre de Jacquemin Grigonneur, que presumiblemente vendió a Carlos Poupart, tesorero de Carlos VI, tres barajas de cartas de Tarot—, que estaba en posesión del monarca francés algunas décadas después de la persecución contra el Temple, aparecen el Papa Clemente V y sus cardenales tras la figura de la Muerte. ¿Alusión, quizá, a la connivencia del papado en aquella persecución?

Múltiples son las teorías que se podrían barajar aquí —como si de un nuevo Tarot se tratase— sobre las indudables conexiones de estos naipes de clara simbología esotérica con el catarismo, la tradición del Grial e, incluso, el Temple. Lamentablemente, nuestro itinerario no puede detenerse en el comentario de estas vinculaciones, porque otros elementos muy sobresalientes del movimiento templario reclaman su espacio. Tal vez usted, amable lector, se anime a tomar un mazo de cartas de Tarot y a establecer sus propias conexiones.

CAPÍTULO VII

El secreto del bafomet

CINCO siglos después de aquel dramático año de 1307 —exactamente en noviembre de 1808—, Napoleón Bonaparte envió una importante delegación militar a los actos que se celebraron en la iglesia de San Pablo y San Luis en memoria del último Gran Maestre del Temple, Jacques de Molay. El servicio religioso estaba patrocinado por los que se consideraban sucesores de los templarios, que en esos primeros años del siglo XIX contaban ya con una extensísima lista —no muy controlable, por supuesto— de participantes, que iba desde Duguesclin hasta Felipe de Orleans y los últimos monarcas Borbones de Francia.

Con ese gesto, aquel Napoleón, que había juzgado todo lo tocante a los templarios como «un enigma insoluble» —él, que de sociedades secretas estaba bien informado—, trataba de honrar una orden cuya existencia y extinción le debían interesar hasta el punto de hacer representar oficialmente al Estado francés en un acto que no pasaba de ser testimonio de un pasado poco convencional. Pues bien, entre los muchos enigmas que rodean la Orden del Temple, no es de menor importancia el que tiene que ver con el bafomet.

¿Figura demoníaca o síntesis hermética?

El término «baphomet» o «bafomet» tiene distintas y posibles etimologías. Una de ellas podría ser la composición de los términos griegos *baphe* y *meteos,* que se pueden traducir por «bautizo» e «iniciación». De aceptarse esta etimología, estaríamos hablando del famoso «bautismo ígneo» de las prácticas gnósticas. Gerard de Séde se inclina por una interpretación alquimista del término. Otros autores prefieren una interpretación cabalística. Pero hemos de tener en cuenta que, muy posiblemente, el nombre —nunca empleado en los documentos templarios— no era más que la deformación de alguna palabra occitana.

Según el ocultista Eliphas Levi, el símbolo del bafomet o bafumet podría interpretarse en tres niveles. En el primero se trataría de una figura demoníaca de la cultura popular. En el segundo, de una posible representación de la sexualidad masculina. En el tercero, el bafomet sería la representación de la luz astral. Para Fulcanelli, sin embargo, constituiría el emblema completo de las tradiciones secretas, empleado exteriormente como paradigma esotérico y signo de reconocimiento. ¿Y qué significaba el bafomet para los templarios?

Si se revisa el acta de acusación instruida contra la Orden del Temple, hay dos artículos que se refieren directamente al bafomet. En uno de ellos leemos que: «En todas las Provincias de la orden tenían ídolos, es decir, cabezas que en algunos casos poseían tres caras, y en otros solamente una, encontrándose algunas de ellas que tenían un cráneo de hombre». En otro artículo de la acusación se dice: «Que en las Juntas, y especialmente en los grandes capítulos de la orden, se adoraba a este ídolo como si fuera Dios o el Salvador; y se decía que esta cabeza podía salvarlos; que concedía a la orden todas las riquezas; y que incluso tenía la virtud de hacer florecer los árboles y germinar las plantas de la tierra».

Cuando, en el transcurso del juicio, algunos caballeros fueron interrogados sobre «ese ídolo que tiene una cabeza de hombre barbado», las respuestas fueron muy diferentes; para unos se trataba, efectivamente, de una cabeza con barba, mientras que otros hablaban de un cráneo humano. Uno de los interrogados aseguró que la había visto repetidas veces, que se le prestaba adoración y se la besaba, considerándola la cabeza del Salvador. Para unos era plateada, mientras que otros aseguraban que estaba recubierta de panes de oro. Había quien la había visto solamente pintada en forma de fresco o tallada en un trozo de madera, y quien aseguraba haberla contemplado en forma de imagen metálica.

Las confesiones, obtenidas en la mayoría de los casos tras repetidas sesiones de tortura, confirmaban que la cabeza se veneraba como un objeto mágico o incluso divino, que habría de proporcionar a la orden riqueza y poder. Se solía emplear el término «Salvador» para referirse a ella, y se le pedía a los asistentes que no solo la respetasen sino que la venerasen como un elemento sagrado. Se creía que una de estas efigies se guardaba en un centro templario de Montpellier —de nuevo, el Languedoc—, si bien en esta ocasión se trataba de una figura que estaba vinculada al diablo, y que adoptaba el aspecto de un gato.

Del mismo modo que no existía unanimidad acerca del aspecto de la famosa cabeza, tampoco la había sobre el tipo de ceremonias que se realizaban ante ella, aunque, por lo general, la liturgia que acompañaba la visión del bafomet incorporaba postraciones e impetraciones al ídolo.

El bafomet y la cabeza del Bautista

Pese a que los testimonios hechos por los templarios sometidos a juicio no coincidían en muchos detalles, es evidente que la existencia del bafomet no se puede poner en duda. Hay razones para creer que muchas de las contradicciones y diferencias manifestadas por los interrogados se debieron al hecho de que existían varios tipos de efigies. De todos modos, la parte esencial del rito permanecía invariable. Se trataba de una cabeza cuya adoración parecía producir grandes beneficios; era de naturaleza salvadora, aunque, paradójicamente, en muchas ocasiones originaba una sensación de pavor en quienes la veneraban.

Otro dato que se puede extraer claramente de las muchos testimonios habidos es que —como sucede con lo referente a otros elementos esotéricos del Temple— gran parte de los caballeros que tomaban parte en las ceremonias desconocían el auténtico significado del símbolo, especialmente en los últimos tiempos de la orden. La liturgia se mantenía, pero se trataba ya de un ritual mecánico y repetitivo que los caballeros realizaban más por deseo de participar en el posible secreto que por convencimiento de sus significados. Pese a este más que probable desviacionismo, tratemos de analizar la razón del culto a la cabeza barbada.

Uno de los investigadores del posible origen del bafomet, Paul de Saint-Hilaire, afirma que en la localidad flamenca de Anzeghem hay una vieja iglesia templaria dedicada a San Juan Bautista. En uno de sus altares se conserva la antigua talla en madera de una cabeza barbuda cuyas facciones —como sucede en la práctica totalidad de los casos— carecen del menor realismo. Se trata, evidentemente, de un relicario del que se dice que contiene un fragmento del cráneo del santo al que está dedicada la iglesia. El relicario dispone de un mango para que pueda ser mostrado a la veneración de los fieles.

Hemos visto en la Primera Parte de este libro la importancia del papel que el Precursor desempeñó como profeta esenio. Vimos también la reticencia de Herodes al sacrificio del hombre santo cuya palabra respetaba y temía. Por todo ello, nada tendría de particular que la posible petición de la bella Salomé para que decapitara al Bautista fuera satisfecha a disgusto del monarca judío, que hubiera preferido seguir reteniendo vivo a su carismático prisionero en los calabozos de Maqueronte.

Jacobo de Vorágine nos cuenta, en su *Leyenda dorada*, que Herodías hizo enterrar la cabeza cerca del palacio de Herodes y lejos del resto del cuerpo a fin de que el Bautista, con su cadáver decapitado, no pudiese resucitar. El relato tradicional sigue diciendo que el cuerpo fue enterrado por sus discípulos, pero que en el siglo IV el emperador Juliano ordenó

190 JESÚS Y EL ENIGMA DE LOS TEMPLARIOS

exhumar los restos y quemarlos. Ahora bien, cien años más tarde, dos monjes de Jerusalén tuvieron una visión en la que el Bautista les indicaba en qué lugar exacto del antiguo palacio de Herodes se encontraba enterrada su cabeza. Allí fueron presurosos los monjes, la hallaron y la llevaron con el mayor cuidado a su monasterio para honrarla debidamente. Por desgracia, la reliquia no iba a terminar allí, sino que habría de pasar por innumerables peripecias. Enterrada en Emesa por segunda vez, de nuevo tuvo que aparecerse el santo a otros monjes para que volviera a ser encontrada. Tras lograrlo, los buenos frailes intentaron hacerla llegar con el máximo sigilo a Constantinopla, adonde arribó la viajera reliquia tras no pocos retrasos. Finalmente, y varios siglos más tarde, otro monje —como puede advertirse, en estos repetidos hallazgos solamente intervinieron eclesiásticos un tanto visionarios— la redescubrió y decidió sacarla definitivamente de Oriente y llevarla en persona a la ciudad francesa de Amiens. Sucedía todo esto en los primeros años del siglo XIII. Habían sido necesarios muchos siglos para que la viajera cabeza del Bautista encontrara, por fin, un aparente descanso.

El mito de las cabezas cortadas

La curiosa historia que acabamos de contar tiene un significado profundo, como suele suceder con todos los mitos. Juan Bautista había sido la Voz, y su testa, cuidadosamente preservada, constituiría también el recipiente sagrado de esa Voz que proclamaba la sabiduría secreta. Para los templarios, este personaje representaba todo un símbolo, y buena prueba de ello fueron las abundantes iglesias y oratorios que erigieron bajo su advocación.

El tema del santo, del profeta o del héroe al que se corta la cabeza, unas veces por odio y otras por temor, para ser posteriormente venerada, viene de lejos. La leyenda puede remontarse hasta Orfeo, el desgraciado hijo de Apolo que, tras la pérdida de su amada Eurídice, vaga por los bosques de Tracia y termina siendo descuartizado por unas bacantes ebrias de frenesí orgiástico. Su cabeza, no obstante, tiene la virtud de emitir oráculos, y es por ello objeto de culto.

Comentemos, de paso, que Orfeo fue uno de los héroes de la mitología helena absorbido posteriormente por el cristianismo primitivo, que veía en su bajada al Averno una primera representación del descenso de Cristo a los infiernos.

Otro héroe helénico, Perseo, tuvo que agenciarse el apoyo de Atenea para poder cercenar la cabeza de la temible medusa Gorgona. Pero tales decapitaciones no son patrimonio exclusivo de la Grecia clásica. En las mitologías escandinavas, por ejemplo, hallamos que Odín sabe aprovecharse muy hábilmente del oráculo que le brinda la cabeza de una semidiosa para llevar a cabo sus empresas.

El mito de las cabezas cortadas es también un tema recurrente en las leyendas celtas. En una de ellas, de la que se serviría más tarde Chrétien de Troyes para escribir su *Perceval*, nos encontramos con un episodio en el que dos doncellas entran en una estancia del castillo del Grial portando una bandeja sobre la que se balancea una cabeza cortada y todavía sangrante. En el *Perlesvaux*, el caballero Lancelot ha de enfrentarse también con una serie de cabezas cortadas y terminará por cortar asimismo la del gigante que le corresponde en esta especie de festival de descabezamientos

¿Era el bafomet templario una reminiscencia del legendario poder existente en la cabeza del dios, del profeta o del mago? ¿Se veía en él la representación del oráculo sagrado? Al hacer un repaso del mito, hemos de quedarnos con la testa de Juan el Bautista como la más simbólica para los templarios. Pero tampoco olvidaremos que ateniéndonos al testimonio de algunos caballeros el bafomet podía ser bifronte, lo que permitiría que no solamente se tratase de la cabeza del Precursor sino también la del otro Juan, el Evangelista, personaje igualmente apreciado por el Temple y por el catarismo languedociano.

Los poderes del bafomet

Según los testimonios de los templarios que fueron enjuiciados —y la mayoría de ellos previamente torturados—, la visión y culto del bafomet se realizaba solamente en aquellas jornadas en que había capítulo de la orden. No parece, pues, que la misteriosa efigie estuviese expuesta para una contemplación ordinaria, ni siquiera en los centros más importantes de que disponía el Temple. De esta suerte, el secreto que envolvía al bafomet era tal que permitía hacer sobre él cualquier tipo de especulaciones.

Ese mismo secreto era el que deberían guardar a toda costa —so pena, incluso, de perder la vida— los caballeros que tenían la oportunidad de participar en la ceremonia. Y hasta tal punto se mantuvo esta regla, que en los exhaustivos interrogatorios a que fueron sometidos, los templarios supieron eludir respuestas comprometedoras alegando que nunca habían tenido la oportunidad de asistir a los mencionados capítulos en que se veneraba la efigie. Sin embargo, se sabe que eran muchos los que tomaban parte en ellos y que recibían, a modo de amuleto, un pequeño cíngulo que previamente había estado en contacto con el bafomet.

Hemos comentado que en ciertos casos la visión de la enigmática cabeza se convertía en una terrible prueba para el que la contemplaba. ¿Sugestión? Posiblemente, pero no por ello de efecto menos impactante. De poco debería servir en tales ocasiones el convencimiento de que la efigie únicamente poseyera —o, al menos, eso es lo que se decía— un carácter benéfico.

Benéficos habían sido también otros objetos, de parecida índole, de los que habla la tradición. Recuérdese la cabeza inventada por el singular Gerberto de Aurillac, aquel monje que, andando el tiempo, llegaría al solio pontificio con el nombre de Silvestre II, y sería llamado el «Papa del año 1000». Aurillac había compaginado su prolongada formación religiosa con otra no menos intensa en las artes ocultas. Viajero infatigable, había recorrido los monasterios de media Europa y, posteriormente, residido algún tiempo en tierras andalusíes, en donde había aprendido alquimia y magia. Personaje legendario donde los haya, el futuro Silvestre II construyó, si hemos de creer a la tradición, numerosos autómatas y, muy especialmente, una cabeza mágica que tenía propiedades oraculares.

Tampoco deberíamos olvidarnos, a la hora de mencionar a los inventores de posibles bafomets, a otro notable personaje, Alberto Magno, aquella lumbrera de la filosofía medieval que deslumbró a la *intelligentsia* de su tiempo. Alberto, el gran Alberto, el *Doctor universalis*, que predicaba en la Sorbona por los años en que los cátaros de Montségur eran llevados a la hoguera, y al que la Iglesia católica no se atrevió a canonizar hasta 1931, siete siglos después de su muerte, fue maestro también de artes mágicas y alquímicas. Se dice que entre sus múltiples invenciones se contaba también un autómata que le ayudaba en sus menesteres domésticos. Cabe preguntarse si eran conocedores los templarios de semejantes antecedentes de su mistérico bafomet, aunque personalmente nos atrevemos a dar una respuesta positiva.

Pero revisemos los poderes del bafomet. «No temáis al bafomet», debían aconsejar los caballeros iniciados a los novicios, «de él solamente podéis esperar beneficios para vosotros y para la orden». Pese a la amistosa advertencia, la mirada de asombro de los recién incorporados no se apagaría fácilmente. ¿Beneficios? ¿En qué podrían consistir? Alguno de los caballeros que tuvo el «privilegio» de contemplar la cabeza, confesó más tarde que se había sentido tan aterrado que ya nunca más volvería a encontrar la paz en este mundo. Y tanto fue así, que el pobre hombre cayó en un estado de depresión tan profunda que murió al poco tiempo, no se sabe si a causa del terrible efecto de la visión o por propia mano.

Evidentemente, estos no eran beneficios deseables. Por fortuna, había otras cosas. El bafomet era promesa de abundancia. En algunas de sus representaciones podemos ver una cabeza no solo barbuda sino rematada por cuernos. ¿Se trataría tal vez de una imagen de Cernunnos, de aquel dios de la abundancia perteneciente al panteón celta, con el que el pintor Arcimboldo quiso representar al mágico emperador Rodolfo II Habsburgo?

La virtud de proporcionar abundancia y bienestar que se le atribuía al bafomet formaba parte de los muchos dones que podía conceder. Una capacidad que algunos llegaron a considerar diabólica, y que fue muy tenida en cuenta durante los interrogatorios a que fueron sometidos los templarios durante su persecución. Incluso se habló entonces, como veremos más adelante, de cultos satánicos. Obviamente, todo aquello que se escapa a la comprensión lógica y trasciende los límites de lo «natural» puede juzgarse con criterios antagónicos, según convenga. Si la cabeza del Bautista hablaba para otorgar un bien, se trataba de un milagro celestial; si el bafomet predecía una desgracia, se consideraba obra del Maligno.

CAPÍTULO VIII
El Temple y la Media Luna

❦

L templario cabalga de Tiro a Sidón por una senda costera.
Parece como si el sol justiciero quisiera derretir la arena,
mientras la luz inclemente le daña los ojos como un hierro al
rojo vivo. De vez en cuando, el jinete se seca el rostro sudoroso
con la punta de la capa, al tiempo que se pregunta si logrará llegar a su destino. De pronto, tras una roca en la revuelta del camino, surge la inconfundible silueta de un guerrero sarraceno; la
figura escuálida estudia al jinete infiel y, por un instante, duda
entre la huida y el ataque. Finalmente, se decide por este último,
y avanza a trompicones blandiendo un alfanje que apenas si logra mantener en alto. El caballero desenvaina también su espada;
una espada que no tendrá necesidad de usar porque su atacante
termina por caer exhausto a menos de diez pasos de su caballo.

Entonces, el templario desmonta y se acerca al caído, que
tiembla presa del miedo y la fiebre. «¡Piedad en nombre de
Alá!», implora. El otro envaina la espada, se acerca a la silla de
su caballo, extrae de la faltriquera una cantimplora de mimbre,
se acerca al sarraceno y, arrodillándose a su lado, vierte unas go-
tas de agua en los labios cuarteados. Después, lo monta en su
corcel y reemprende el camino. «No temas, nadie va a hacerte
daño», le dice para tranquilizar aquella mirada extraviada.

¿Una historia imposible? No lo crea, amable lector. Aunque
en esta ocasión sea imaginada, la escena pudo repetirse muchas
veces en tierras de Palestina.

Tolerar más, combatir menos

Jamás se podrá afirmar que el comportamiento adoptado por los caballeros del Temple en Tierra Santa fue parecido al de brutal belicosidad mostrado por los cruzados venidos de ultramar.

Cuando Hugo de Payens y sus compañeros fundaron, en 1119, la Orden de los Pobres Caballeros de Cristo debieron tener muy presentes las atrocidades y matanzas llevadas a cabo por los hombres de Godofredo de Bouillon durante la toma de Jerusalén, veinte años antes. La mayoría de aquellos combatientes cristianos que hicieron correr ríos de sangre por la ciudad de las tres religiones no tenía pensado quedarse en ella. Llevados por su fanatismo religioso y —no hay que olvidarlo— por unas desaforadas ansias de conseguir un suculento botín, sus intenciones no eran, ni mucho menos, las de permanecer en la tierra sarracena recién conquistada. Una vez logrado su inmediato objetivo, regresaron a Europa. Al fin y al cabo, volvían a sus lares con las indulgencias ganadas y algún que otro jarrón de plata saqueado al infiel.

Los fundadores del Temple pensaban de otro modo. Sin duda, tenían muy claro que no se puede permanecer con un mínimo de dignidad en el país al que se ha esquilmado. Pero no debería ser esa la única razón de su conducta futura. Hugo de Payens distaba mucho de representar al clásico señor feudal que veía en el combate y en la caza el fin para el que el hombre había sido puesto en este mundo. Sus repetidos contactos con Bernardo de Claraval debieron ilustrarlo sobre una serie de puntos, muchos de los cuales vertería después en su orden. El conocimiento de otras corrientes, tanto intelectuales como religiosas, y fuera cual fuera su procedencia, era algo que debería constituir un bien apetecido por los caballeros de la nueva orden. Con seguridad, su fundador debió asimilar convenientemente aquella frase de los Proverbios que dice: «El sabio que sabe escuchar, se hace más sabio». De este modo, los templarios no solamente supieron escuchar a sus potenciales adversarios, sino que aprendieron de ellos prácticas, métodos y actitudes que les resultarían muy válidas andando el tiempo. Lo que otros trataban de destruir, ellos procuraban aprenderlo.

Como no cabía duda de que para llevar a cabo su propósito era necesario mantener un alto grado de tolerancia, trataron de hacerlo así. Incluso en los combates que se vieron forzados a sostener contra los musulmanes —que, al fin y al cabo, eran los antiguos propietarios de aquella tierra—, nunca los consideraron como el odiado enemigo al que había que exterminar a toda costa, pensamiento único del cruzado recién llegado. Por lo demás, tampoco eran ellos solos los que pensaban de tal manera. Cuantos decidieron quedarse en Palestina estimaron que era más conveniente —y, por supuesto, mucho más provechoso— aceptar las reglas y modos orientales. Se estudiaba el árabe y hasta se acuñaban monedas de forma que pudieran ser utilizadas como propias por los musulmanes. Un gran número de los altos cargos e incluso de los Grandes Maestres de la orden tuvieron secretarios y escribanos árabes. La aceptación del «infiel» era plena.

El clima representaba otro factor que obligaba a plegarse a muchos de los usos y costumbres de los nativos. Al mismo tiempo, se fueron perdiendo los toscos hábitos propios de una Europa ruda e ignorante, y se aceptaron otros más sofisticados y gratificantes. Todo ello era motivo para que en Occidente se tuviese la impresión de que los establecidos en ultramar se habían paganizado. Y esta opinión no hizo, ni mucho menos, una excepción con los templarios.

Se cuenta que cierto día dos significados árabes, un emir y el capitán de su guardia, fueron a visitar a Foulques de Anjou, destacado templario bien afincado en Jerusalén. Llegado el momento de hacer sus rezos, se invitó a los visitantes a que los realizaran en una pequeña iglesia que antes había sido mezquita. Entregados se hallaban a la oración cuando fueron sorprendidos por un cruzado que, interrumpiéndolos bruscamente, los conminó a que orasen mirando hacia Oriente, como lo hacían los cristianos y no hacia la Kaaba, como estaba prescrito por el

Corán. La interrupción quedó subsanada por un grupo de templarios que expulsaron al agresor fuera de la iglesia y, acto seguido, pidieron disculpas a sus invitados árabes porque aquel hombre «era un cruzado recién llegado de Europa».

El desastroso orgullo de los francos

La prudencia de que dieron generalmente muestras los templarios en tierras de Palestina, una prudencia que no les impedía luchar con denuedo cuando la ocasión lo requería, no era virtud compartida por muchos de los señores de la guerra francos. Ciento cincuenta años después de la toma de Jerusalén, los monarcas de Occidente seguían dejándose llevar por un orgullo nefasto a la hora de tener que habérselas con los combatientes de la Media Luna.

La batalla de Mansura, que constituyó un auténtico desastre para el ejército del rey Luis IX de Francia, fue una buena prueba de lo que acabamos de afirmar. En esa ocasión, el Gran Maestre del Temple Guillaume de Sonnac, que tenía la experiencia de varios años al mando de la orden y un notable conocimiento de las estrategias enemigas, trató de convencer a Roberto de Artois, hermano del rey, para que retrasase el ataque, ya que las tropas cristianas no se hallaban en aquellos momentos preparadas para él y corrían el peligro de ser fácilmente exterminadas. El consejo era tan inteligente que hasta uno de los jefes cruzados, Guillermo de Salisbury, afín al jefe cruzado, lo apoyó sin reservas. Pero el desmedido orgullo del de Artois no le permitía admitir sugerencias por sensatas que fueran. Con el mayor descaro rechazó tajantemente la advertencia que se le hacía, tachando además a los templarios de cobardes. Fue un insulto en toda regla que el Gran Maestre no podía tolerar. Conteniendo su ira a duras penas, respondió al francés que el lema de los templarios en combate era ser «los primeros en el ataque y los últimos en la retirada», y que puesto que esa era su decisión, lo seguirían a la batalla a pesar de saber lo que seguramente sucedería.

El enfrentamiento, como había pronosticado el Gran Maestre, concluyó en un completo desastre para las fuerzas cristianas. De los doscientos noventa caballeros templarios que tomaron parte en la batalla solo cinco sobrevivieron. Roberto de Artois y su guardia personal, que habían tratado de escabullirse protegiéndose tras unos parapetos, perdieron también la vida. La derrota de Mansura representó una más de las tragedias que los cruzados tuvieron que sufrir en Palestina.

Sin embargo, daba la impresión de que desastres como el mencionado les servían de poco a los prepotentes cruzados francos. Los fracasos conseguidos a pulso por el incauto rey Luis IX hacen que un historiador de nuestros días tan adicto a ese monarca como es Steven Runciman no pueda por menos de manifestar que mejor hubiera hecho el monarca francés quedándose en su tierra natal, en vez de lanzarse a temerarias y desacertadas aventuras ultramarinas.

Así pues, los templarios se vieron obligados en muchas ocasiones a soportar las impertinencias de sus correligionarios que, desconocedores de la estrategia y de la política de los musulmanes, trataban de imponer unos principios que, si bien podían tener cierta validez en Occidente, se mostraban plenamente desacertados en Oriente. De todos modos, ello no impidió que la Orden del Temple siguiera sus propios criterios de alianzas y contactos con la Media Luna, siempre que con ello pudiera conseguir algún beneficio. Y en verdad que los consiguieron.

Incomprensiones e intolerancias

La acusación de cobardía que Roberto de Artois lanzó a la cara del Gran Maestre poco antes de que se diera la batalla de Mansura, aunque falsa e intolerable, no era algo que escuchasen por primera vez los oídos templarios. El rey francés Luis IX —el mismo que había ordenado aniquilar a los cátaros de la manera más cruel y violenta, el mismo que la Iglesia de Roma

7

se apresuraría a llevar a los altares como San Luis— profesaba muy poca simpatía a la orden. En más de una ocasión había mostrado su repugnancia hacia aquella política de los templarios que buscaban, más que el enfrentamiento frontal con el adversario musulmán, una vía de acercamiento y de tolerancia.

¿Tenía motivos el rey de Francia para pensar como pensaba? Si albergar un sentimiento fundamentalista de la fe católica bien sustentado por una notable mezquindad de miras es un motivo, por supuesto que lo tenía. Aunque, después, se tuviese que admitir a regañadientes la valentía de aquellos a los que se acusaba de cobardes, como en el caso de la muerte del injuriado Gran Maestre Guillaume de Sonnac, que pereció en combate defendiendo los intereses francos. O aunque se admitiese sin el menor escrúpulo el dinero que la orden proporcionaba a la Corona para sus campañas bélicas. Quedaba muy claro que la tan cacareada religiosidad y pureza de miras de aquellos caudillos no le hacían ascos a los generosos apoyos, vinieran de donde vinieran.

Y al referirnos a estas conductas, aparentemente contradictorias, se torna imperioso hacer un escueto comentario sobre aquel catolicismo intransigente —y oportunista— de que hicieron gala ciertos jerarcas de Occidente y que tantas desgracias ocasionó a la Europa de los siglos XII y XIII. Porque el hecho lamentable es que el fanatismo mostrado por personajes como Roberto de Artois, Luis IX, Ricardo Corazón de León —por no mencionar a los pontífices romanos— era cosa común, y hasta bien vista, en aquellos siglos XII y XIII. Se los tenía por campeones en el campo de batalla y adalides de la fe católica. Y, naturalmente, se mostraba hacia ellos una admiración sin fisuras. Pongamos un ejemplo.

Durante la llamada cruzada contra los albigenses, Simón de Montfort, el ya mencionado caudillo de las tropas reales, fue alabado no solo por su bravura en el combate, sino por su piedad y su ardiente catolicismo. Se cuenta que durante los últimos embates del sitio de Toulouse, ocurridos el 25 de junio de 1218, Montfort, que había tenido que retirarse con sus hombres a la única zona de la ciudad que aún resistía el ataque de los tolosanos, no dejó de cumplir con sus devociones por más que la situación fuera ya desesperada. A primera hora de aquel día, despreocupándose del tumulto que dominaba las calles y que iba acercándose imparable a su reducto, no dudó en asistir a la misa que su capellán celebraba en un pequeño oratorio. Mientras estaba teniendo lugar el servicio religioso, uno de sus capitanes se le acercó para advertirle que la situación se había vuelto insostenible. Montfort lo escuchó y, sin hacerle el menor caso, siguió el curso del oficio, hasta que el sacerdote pronunció el *Ite, missa est.* Entonces se levantó y acudió a los baluartes para apoyar a sus hombres. Esa misma mañana, un proyectil catapultado desde las barricadas de los asaltantes acabó con su vida, suceso que, dicho sea de paso, colmó de alegría a las gentes de Toulouse.

Pues bien, la anécdota que acabamos de referir serviría para ensalzar la devoción y la religiosidad del que era para algunos hombre tan admirable, olvidándose de las atrocidades, matanzas y rapiñas innumerables que ese mismo individuo había cometido, sin sentir el menor escrúpulo, a lo largo de toda la campaña.

Si esta era la mentalidad reinante, mal se podía comprender la postura de tolerancia —tolerancia inteligente y siempre útil— que mostraba algún monarca, como el emperador Federico II de Alemania, o instituciones como la Orden del Temple, hacia quienes no formaban parte de la grey cristiana. La comprensión en estos casos nunca fue bien vista, máxime cuando se estaba muy lejos de entender la profundidad de los intereses que la alimentaban.

Un espíritu de alianzas

En cierto modo, el caso del emperador Federico II Hohenstaufen y su actuación en ultramar guarda muchos puntos de semejanza con el de los templarios. En ambos casos se llegó a la misma conclusión: el mundo musulmán tenía mucho que ofrecer a Occidente y sería una locura despreciar esa oferta. Con una buena dosis de habilidad, tanto el uno como los otros supieron marginar las reticencias —y los no pocos impedimentos— que la Iglesia de Roma mostraba ante sus posturas.

La estrategia realizada por Federico II —nieto de aquel otro Federico Barbarroja, emperador perennemente enfrentado a Roma— en Palestina fue una política de continuos acercamientos y alianzas. Hombre de singular cultura —hablaba correctamente francés, alemán, italiano, latín, griego y árabe, estaba bien versado en filosofía, en ciencias, medicina e historia natural, y poseía un considerable conocimiento sobre la historia y la política de muchos países—, el emperador Federico había sabido recuperar los Santos Lugares sin que sus tropas tuvieran necesidad de disparar una sola flecha. Y eso a pesar de que sobre su cabeza había caído la excomunión papal.

Lo que el sorprendente emperador germano consiguió en Palestina no lo habían logrado, ni lo volverían a lograr, los monarcas cristianos con sus repetidas campañas militares. Pero aquellos logros tenían mucho que ver con la habilidad de su política de tolerancia. Cuando en cierta ocasión fue a visitar los santuarios musulmanes de Jerusalén, el sultán Al-Kamil ordenó que, en un gesto de sorprendente delicadeza, el muecín de la mezquita de al Aqsa suprimiese la llamada a la oración mientras el monarca cristiano se encontrase en la ciudad. Al enterarse, Federico insistió en que no se modificase ningún rito, pues no quería ver alteradas las costumbres musulmanas por su causa. Añadió que había ido a Jerusalén para oír durante la noche la llamada a la oración del muecín, y para dejar todavía más clara su postura dio orden de que, bajo pena de muerte, no se dejase pasar a ningún clérigo sin permiso de los musulmanes.

¿Se podrían dar más pruebas de respeto y tolerancia? Siguen contando las crónicas que cuando vio durante esa misma

visita el enrejado de las ventanas de la mezquita y preguntó
para qué se había puesto, se le contestó que para que no en-
trasen los pájaros y molestasen a los fieles durante la oración.
Al oír la explicación, se sonrió irónicamente y dijo: «Pues si
antes os molestaban los pájaros, es desgracia que Alá haya
permitido que ahora os molesten los cerdos». Dando a los
cristianos el mismo apelativo de «cerdos» con que los deno-
minaban los musulmanes. Sabido es que, entre otros asesores,
Federico tenía como maestro de filosofía a un árabe de Sicilia,
lo cual nos permite colegir también que su conocimiento del
mundo esotérico musulmán era más bien amplio.

He aquí, pues, una sobresaliente figura histórica que supo
extraer de Oriente gran parte del bagaje que necesitaba para
conseguir un mejor desarrollo intelectual y espiritual. Los templarios hicieron lo mismo. Su intenso contacto con todas las
capas sociales de la sociedad ultramarina constituyó la opción
más adecuada para poder calar en una sabiduría de la que, seguramente, los fundadores de la orden ya tenían noticia antes
de haberla creado

Existían además muchos motivos para que el Temple cui-
dase sus relaciones con la Media Luna. Las más de quince plazas fuertes que poseían en Palestina, y en las cuales era importante la población musulmana, exigían un trato delicado
con los nativos y una buena relación con los emires y grandes
señores del islam. Esta era una de las razones que esgrimían
los enemigos de la orden para atacarla: su vinculación con el
mundo árabe.

¿No habría que considerar también, y en gran medida, un
sentimiento de envidia por parte de quienes les acusaban? El
respeto que los musulmanes mostraban por los templarios era
algo de lo que no gozaban ni otras órdenes religiosas, ni mucho menos el resto de los estamentos políticos y religiosos
cristianos de Palestina. Se trataba, indiscutiblemente, de un
respeto ganado a pulso, porque la seriedad templaria se mostraba en los compromisos que se firmaron mientras la orden
permaneció en Oriente. Claro está que, como banqueros y ex-

celentes negociantes, los templarios sabían que era imprescindible cumplir un acuerdo si querían seguir manteniendo
su prestigio; y eso era algo que los cruzados no respetaban,
unas veces por incompetencia y otras por soberbia.

Monarcas como Ricardo Corazón de León, incluso el tan
elogiado Luis IX de Francia, y no digamos buen número de
los reyes de Jerusalén y la mayoría de los señores feudales
y capitanes cruzados, incumplían con frecuencia la palabra
dada. El infiel, suponían, no era merecedor del respeto que un
señor cristiano pudiera manifestar hacia su prójimo. Posiblemente, este nefasto convencimiento los llevaba a provocar las
mayores aberraciones. Valgan como ejemplos las masacres cometidas por el monarca inglés durante la cruzada en la que intervino.

Porque si bien es posible que el rey de Inglaterra Ricardo I
Corazón de León fuera un combatiente arrojado y hasta te-
merario en el campo de batalla, es de todo punto seguro que
como hombre de palabra dejaba mucho que desear. Sin entrar
en consideraciones sobre las barbaridades de que se le acusan,
como aquella «hazaña» en que mandó abrir en canal a mujeres y niños para ver si guardaban el oro en sus estómagos, la
codicia de Ricardo era proverbial. Pero, como decíamos, además de su crueldad y su insaciable sed de oro, era notable
su incapacidad para mantener un pacto. Sus enfrentamientos
continuos con el gran sultán Saladino están plagados de in-
formalidades y desafueros. Tal vez uno de los más sonados
fuera el que cometió con ese mismo sultán durante uno de los
momentos más críticos de la Tercera Cruzada: tras intercam-
biar con él una serie de presentes y dar repetidas muestras de
buena voluntad, hizo matar a más de dos mil prisioneros de
Saladino que tenía en su poder.

Sucesos de esta clase hacían que la seriedad y el respeto
mostrado por los templarios con sus adversarios se volviera
para estos todavía más importante. Pero, al mismo tiempo, estas muestras de deferencia se consideraron en más de una
ocasión —como ahora veremos— prueba evidente de que los

caballeros del Temple no solo descuidaban los compromisos contraídos con su fe, sino que se permitían confraternizar abiertamente con los hombres de la Media Luna.

Sombras sobre dos Grandes Maestres

Esta incipiente antipatía hacia el Temple fue creciendo en Europa gracias a las insidias de los monarcas y barones recién llegados de Palestina, que no se caracterizaban precisamente por elogiar a los monjes-caballeros ni mucho menos a sus líderes. Así fue como dos de sus Grandes Maestres se convirtieron en blanco de la maledicencia de sus antagonistas.

La primera de estas figuras fue Gérard de Ridefort. Sobre la elección de Ridefort como Gran Maestre surgen ciertas dudas, pues hay un oscuro personaje —un tal Thierry, o Terric— que pudo haberlo precedido en el cargo o incluso suplantado durante algunos años. En todo caso, Ridefort está al mando de la orden en 1184, una época muy conflictiva para el reino de Jerusalén. La figura de Ridefort no muestra un perfil transparente, o al menos no lo muestra en los años anteriores a su entrada en el Temple. Se cree que había llegado a Tierra Santa con la intención de medrar tanto social como económicamente. Para ello había fijado sus pretensiones en la hija del conde de Trípoli, con la que pretendía contraer matrimonio, cosa que le resultó imposible al ser rechazado sin contemplaciones, tanto por la dama como por el padre de esta. Tal desengaño amoroso determinó, al parecer, su entrada en el Temple, y fue también causa de futuras desavenencias con el de Trípoli, cuando este pretendió acceder al vacante trono de Jerusalén.

Balduino V, el rey leproso, había tenido como regente a Guy de Lusignan durante los últimos años de su reinado. Pero parece ser que surgieron desavenencias entre ambos, y el rey designó entonces para el cargo al conde de Trípoli. Estando las cosas así, murió todavía muy joven el rey Balduino, e inmediatamente en Jerusalén se formaron dos bandos: el que apoyaba al de Trípoli, y el de los seguidores de Lusignan. Guidefort, que ya para entonces era Gran Maestre de la orden, maniobró hábilmente y logró que fuera nombrado rey Guy de Lusignan. De este modo lograba dos objetivos: se vengaba del pasado desaire del conde de Trípoli y se agenciaba una magnífica posición para el Temple.

Las cosas, sin embargo, iban a torcerse muy pronto y de modo irremediable. En 1187 tiene lugar la desastrosa batalla de Hattin que ocasiona la toma de Jerusalén por Saladino y, prácticamente, el final de este reino cristiano. La derrota de Hattin obligó a Guy de Lusignan, a Gérard de Ridefort y a otros grandes señores cristianos a quedar cautivos de Saladino. Este trató con delicadeza a Lusignan y respetó también al Gran Maestre. Al resto de los prisioneros se les ofreció la oportunidad de convertirse al islam. Ante la negativa, fueron pasados por las armas. Ridefort, que tampoco quiso renegar de su religión, fue, sin embargo, perdonado.

A raíz de este hecho surgieron, y más fuertes que nunca, las murmuraciones contra el Gran Maestre. ¿Por qué lo había indultado Saladino? La respuesta sigue siendo un misterio. Cabe, en lo posible, que el sultán, muy hábilmente, tratase de dividir los ánimos de los cristianos haciendo recaer sobre Ridefort la sospecha de apostasía. Es probable también que lo hubiera respetado, precisamente, por ser quien era: el Gran Maestre de una orden caballeresca admirada por los musulmanes. Fuera por lo que fuera, las sospechas que recayeron sobre Ridefort no concluyeron ni siquiera con su valiente muerte en el sitio de Acre. Para muchos, el Gran Maestre había sido un traidor y un renegado.

El otro personaje fue Guillaume de Sonnac, al que ya nos hemos referido anteriormente. Sonnac desempeñó el cargo de Gran Maestre desde 1247 a 1250, en una época en la que el Temple había perdido parte de su poder e influencia en Palestina. Recordemos que la batalla de Mansura, de fatal desenlace para los cruzados, no fue precisamente motivo para que estos.

y a su cabeza el rey Luis, incrementaran su simpatía por el templario. De él llegó a decirse que se había convertido en tan buen amigo del sultán de Egipto porque ambos habían hecho un pacto de sangre. Aunque esta afirmación pueda no ser más que pura fábula, es probable que algún estrecho lazo existiera entre ambos. En todo caso, el monarca francés siempre le profesó una profunda antipatía, pues creía —y tal vez no le faltaran ciertos motivos para creerlo— que el Gran Maestre había pactado en más de una ocasión con el enemigo.

Pero si bien las sospechas de alianzas y uniones secretas con los musulmanes recayeron principalmente sobre estos dos hombres, el hecho es que el Temple estaba en el punto de mira de muchos, y que tal política de acuerdos entre templarios y musulmanes constituyó una importante imputación cuando se decidió perseguirlos.

«El nido de las águilas»

No se tienen muchas noticias del imán Ismail, séptimo después de Mahoma, que al morir su padre, y a pesar de haber sido designado para sucederlo, fue desposeído de sus derechos a favor de su hermano Musà. Habla la tradición de que tras la muerte de Ismail existieron tres imanes ocultos, pero tampoco de ellos se sabe mucho. De lo que sí hay referencia histórica es de que entre los siglos v y xi la comunidad ismailita se escindió en dos ramas: la oriental, es decir, la que residía en Persia, cuyo centro se hallaba en la fortaleza de Alamut, sobre una de las cumbres montañosas al suroeste del mar Caspio, y la occidental, que vivían en Egipto y en el Yemen. Tanto en una como en otra, y siempre según los autores ismailitas, el imán desempeñaba un papel capital. Su cuerpo no era carnal sino que, a semejanza de la leyenda de Zaratustra, era fruto de un rocío celeste absorbido por sus padres.

El ismailismo persa, el que tenía como sede la plaza fuerte de Alamut, era el poseedor de la doctrina más compleja y eso-

térica, debido en gran medida a la influencia de los cultos zoroástricos tan vigentes todavía en el país. El año 559 del calendario musulmán, correspondiente a 1164 del cristiano, el
imán proclamó ante sus fieles la Gran Resurrección. Esta pro-
clamación implicaba nada menos que el advenimiento de un
islam espiritual, más puro, liberado de todo espíritu legalista,
de toda servidumbre a la Ley. Se trataba, en fin, de una religión personal que hacía descubrir y vivir el sentido espiritual
de las revelaciones proféticas.

En esta secta ismailita del Alamut la figura del imán no
podía ser más excelsa, pues representaba al Hombre Perfecto
o Rostro de Dios. Hay frases que no dejan duda sobre la importancia de su persona: «Los profetas pasan y cambian. Nosotros los imanes, sin embargo, somos hombres eternos». «Los
Hombres de Dios no son el mismo Dios, pero tampoco son se-
parables de Dios.» El imán invisible, como maestro espiritual,
era un ser santo, cuasi divino. «En su forma terrenal es la epi-
fanía del Verbo supremo, portador de la verdad en cada época,
manifestación del Hombre Eterno que, a su vez, revela el Rostro de Dios», comenta en su *Histoire* H. Courbin, un presti-
gioso historiador de los movimientos religiosos musulmanes.

Hemos de detenernos unos instantes en esta figura del
«imán invisible» porque ha desempeñado un papel decisivo en
la experiencia mística del ismailismo. Al tocar este punto, Mircea Eliade afirma que en otras tradiciones religiosas —ya per-
tenezcan a la India, al cristianismo medieval o al hasidismo—
aparecen concepciones análogas acerca de la santidad e incluso
divinidad de los maestros espirituales. Un concepto que reviste
indiscutible importancia a la hora de profundizar sobre la visión que los templarios —o, al menos, de sus estamentos más
esotéricos— pudieron tener sobre la figura de Jesús.

Pensemos también que la figura fabulosa del imán oculto
se encuentra muchas veces asociada a la del mito del Mahdi.
El Mahdi es «el Guía» o, más bien, «el que es guiado por Dios».
Aunque este término no aparce en el Corán, muchos autores
musulmanes lo han aplicado a diversos personajes históricos,

entre los cuales —tomemos buena nota de ello— se encuentra el propio Jesús, el *Isâ* árabe.

Pero volvamos ahora a esa plaza fuerte de Alamut, a ese «nido de águilas» que iba a desempeñar un papel tan significativo en los contactos que el Temple tuvo con el mundo musulmán.

Sayo blanco y cíngulo rojo

Sobre la fortaleza de Alamut, sus moradores y su jefe, el Señor de la Montaña, la tradición y la leyenda, se funden hasta el punto de establecer un entramado difícil de esclarecer. No obstante, resulta tan sugerente la historia de lo que pudo acontecer en aquellos parajes inhóspitos, y de las influencias que sin duda tuvo sobre el esoterismo templario, que no es posible pasarla por alto.

Hemos mencionado el hecho de que el ismailismo había arraigado fuertemente en Irán, la tierra de los viejos cultos zoroastrianos que los musulmanes ortodoxos habían rechazado desde el principio y que, por consiguiente, no veía con malos ojos cualquier desviación, y hasta enfrentamiento, con esa ortodoxia.

La figura capital del ismailismo iranio, cuya sede espiritual se encontraba en Alamut, fue un personaje que, como no podía ser menos, también navega entre las aguas de la historia y las de la leyenda: Hassan Ibn Sabbah, al que se conoció mejor por «el Señor» o «el Viejo de la Montaña».

Cuenta la tradición —reflejada asimismo en las supuestas memorias que él mismo dejó— que, siendo joven, Ibn Sabbah se encontró en cierta ocasión con un grupo de viajeros o peregrinos a los que preguntó adónde se dirigían. La respuesta que aquellos le dieron: «Venimos de un país que ya no existe, y caminamos hacia otro que todavía no ha nacido», tenía mucho de simbólica. Al parecer, aquellos peregrinos lo instaron para que no se demorara en «recibir el mensaje», porque su hora había sonado.

Ibn Sabbah pasó después por una larga iniciación en un monasterio iranio en donde un Mahdi, o maestro espiritual, además de ilustrarlo en el esoterismo religioso, le entregó las prendas emblemáticas que habían de constituir el hábito o uniforme de sus seguidores: un sayo blanco ceñido por un cinturón rojo (anotemos la coincidencia con los colores templarios: capa blanca y cruz patada roja). Ibn Sabbah continuó su formación en El Cairo, en donde se dice que descubrió los efectos de una droga desconocida hasta entonces en Occidente: el hachís. Fue un hallazgo que él tendría muy en cuenta en el futuro.

Desde el principio, el futuro jefe de la secta de los *hashsdâs-hín* —más conocidos por su nombre desvirtuado: *asesinos*— puso sus miras en un lugar retirado y de difícil acceso, en el corazón de las montañas iranias, la plaza fuerte de Alamut. Poco a poco logró hacer una tenaz labor de zapa hasta que pudo apoderarse —sin derramamiento de sangre, según se cuenta— de aquel bastión que habría de convertirse en el lugar santo de la secta. Los intentos para reconquistar Alamut por parte de las tropas del visir fracasaron repetidamente, y al cabo de unos años Ibn Sabbah se había convertido en el señor de una vasta región en la zona de los montes de Elburz, al sur del mar Caspio.

A Alamut, transformado en fortificado centro espiritual de los *hashsdâshín,* empezaron a acudir fieles de numerosos lugares, con ánimo de engrosar la ya numerosa hueste existente. Ibn Sabbah procedía a una selección muy estricta de los candidatos, apartando a cuantos consideraba débiles de carácter. Sus seguidores se sometían a un riguroso entrenamiento que, además de intensa preparación militar, tenía mucho de severa iniciación religiosa. Convencido de que el fin justifica los medios, sus métodos escasamente tenían que ver con los principios convencionales de la moral musulmana, si bien una gran austeridad presidía la actuación de los fieles. Era necesaria una renovación total del mundo musulmán, y en tal renovación iban a estar muy presentes la tradición y los ritos zoroástricos.

Los ismailitas de Alamut, bajo el mando de Ibn Sabbah, llegaron a representar, a principios del siglo XII, uno de los focos de poder más destacados de Oriente Medio, y su área de influencia pronto se extendió por las regiones más occidentales hasta llegar a Palestina. Como veremos seguidamente, musulmanes y cristianos no pudieron evitar la atracción, el poder, ni la política ejercida por los «asesinos» de Alamut.

Cruzados, templarios y la secta de los Asesinos

En 1124, cuando los templarios daban sus primeros pasos en Jerusalén, moría en la ciudadela de Alamut Hassan Ibn Sabbah, fundador de la facción ismailita de los Asesinos, no sin antes haber nombrado a aquellos que habían de sucederle en los diversos cargos de la orden. Para entonces esta ya había conseguido el nivel de importancia que Sabbah siempre soñara, y el número de integrantes de la secta era tan numeroso que su sucesor, Kya Buzurg, podía contar con un ejército que superaba con creces los sesenta y cinco mil hombres.

El sucesor de Ibn Sabbah no solo no estaba a su altura, sino que dejaba mucho que desear. Hombre de temperamento sensual y de claras inclinaciones homosexuales, empezó su mandato creando un serio conflicto con los príncipes vecinos por causa, al parecer, de su encaprichamiento de un efebo de una tribu rival. La homosexualidad era una práctica bastante extendida entre los miembros de la secta, y el mismo hijo de Sabbah ya se había visto mezclado en alguna conspiración por esa misma causa. De todos modos, y al margen de sus inclinaciones sexuales, Buzurg carecía del carisma y don de mando de los que había dado claras muestras su padre.

El desmesurado crecimiento de la secta y, como consecuencia previsible, el deterioro de sus principios fundacionales, la convirtieron en una organización que estaba dispuesta más a buscar medros económicos, alquilando sus servicios al mejor postor, que a mantener los principios de su esoterismo religioso. Aun así, los Asesinos representaban una fuerza muy poderosa en Oriente, de la que unas veces se sirvieron los cruzados para luchar contra el común enemigo árabe, y en otras incluso tuvieron que pagar tributo al Señor de la Montaña. ¿Y qué decir de los contactos mantenidos con la secta durante la fallida cruzada llevada a cabo por Luis IX de Francia?

Steve Runciman, historiador que no puede ser acusado de no profesar simpatía por el mencionado rey francés, afirma, en su *History of the Crusades* (vol. 3), que en su búsqueda de aliados extranjeros, el rey Luis entabló las más amistosas relaciones con los Asesinos. Por lo visto, inmediatamente después del desastre sufrido por los cruzados en Damietta, el jefe de los Asesinos en Siria solicitó que se le pagaran sus servicios por haberse mantenido neutral. Lo que querían los ismailitas es que se los liberara de tener que seguir pagando tributo a la Orden de los Hospitalarios. Las embajadas entre el caudillo de los Asesinos y el rey francés se repitieron, y en una de ella el primero envió costosos regalos al segundo, solicitándole una íntima alianza. Luis, que estaba informado acerca de la hostilidad de los Asesinos ismailitas hacia los ortodoxos musulmanes sunníes, alentó a los enviados y mandó a Ives el Bretón para ultimar el tratado, nos sigue diciendo Runciman.

Como vemos, los contactos entre unos y otros no podían ser más amistosos e interesados. Al mismo tiempo, existía también un respeto mutuo. Un dato curioso —y sumamente revelativo— que vale la pena mencionar aquí es que cuando el enviado del monarca francés, el mencionado Yves el Bretón, llegó al cuartel general que los ismailitas tenían en Masyaf, población siria no lejos de Trípoli, se quedó maravillado ¡al ver la biblioteca que poseían los Asesinos! Hasta encontró un sermón apócrifo de Jesús a San Pedro, quien, según le informaron, era la reencarnación de Abel, Noé y Abraham. Por supuesto, se firmó un pacto de defensa mutua, si bien la máxima ambición del informal rey francés era establecer una gran alianza con los más encarnizados enemigos de los Asesinos: los mongoles.

Pero ¿y los templarios? ¿Qué relación seguían manteniendo con la secta ismailita? No es difícil, en este caso, formular una respuesta. Los Asesinos, pese al deterioro ideológico causado por la gran masificación que había experimentado la secta, y por el menor cuidado en preservar los principios espirituales y esotéricos establecidos por su fundador, Hassan Ibn Sabbah, seguían siendo lo que podría llamarse una orden caballeresca bien organizada y de considerable solidez. Los templarios siempre habían visto en ella una especie de parangón de su su propia orden. Aquellas gentes, aunque últimamente se hubieran pervertido ofreciendo sus servicios al mejor postor, tenían una clara ideología, notables conocimientos esotéricos —recordemos la recién mencionada biblioteca de Masyaf, una más de las muchas que conservaban— y una meta claramente establecida: transformar el mundo musulmán. ¿No era esto suficiente para ganarse la, digamos, simpatía de los templarios? ¿Acaso no buscaban ellos algo parecido? Ciertamente. Aunque eso no quiera decir que una orden fuera copia de la otra, como algunos historiadores han afirmado.

Hemos dicho que los Asesinos pagaban tributo a los templarios. En realidad, no se trataba de una cantidad exorbitante —según se cree no superaba los dos mil ducados—, pero el hecho implicaba una cierta relación de vasallaje de los unos hacia los otros. En más de una ocasión los Asesinos trataron de liberarse de este impuesto, bastante vejatorio para ellos, pero no parece que la cosa enturbiase las buenas relaciones existentes entre ambos.

¿Un Grial común?

Antes de concluir este apartado concerniente a los contactos entre el Temple y la Media Luna y, más especialmente, entre la orden de los templarios y la secta ismailita de los Asesinos, hay un punto que por su atractivo merece no ser pasado por alto: la utópica —o no tanto— búsqueda del Grial, que tal vez emprendieran ambas órdenes, cada una, como es lógico, a su manera.

Como menciona Evola, haciéndose eco de las palabras de J. L. Weston en su *The Quest of the Holy Grail*, desde el punto de vista histórico los textos más característicos sobre el Grial recuerdan el curso de una corriente subterránea que surge a la superficie en un momento dado pero que, rápidamente, vuelve a retirarse a las profundidades y se hace invisible, como si tratase de evitar un peligro potencial.

Es llamativo el hecho de que esas obras que se refieren a la saga del Grial —mito tan combatido siempre por la Iglesia— proliferen durante el siglo XII y primera parte del XIII, para desaparecer posteriormente y resurgir de nuevo, aunque ya con formas muy cambiadas y frecuentemente estereotipadas, en los siglos XIV y XV. Advirtamos de paso que el florecimiento de la saga griálica tiene lugar coetáneamente con cuatro fenómenos muy significativos de tipo cultural, militar y religioso: el nacimiento de las órdenes caballerescas tanto en Occidente como en Oriente —el Temple y la secta de los Asesinos, entre otras—, el catarismo, las Cruzadas y la poesía de los trovadores. Una vez aniquilado el catarismo y condenada la Orden del Temple, el interés por el mito se extingue.

Hemos afirmado, en el capítulo referente al Grial, que la obra de Wolfram von Eschenbach podía representar un punto de contacto o, si se prefiere, una clara vinculación entre la saga y el Temple. Y comentábamos asimismo que Wolfram aseguraba que las fuentes de su obra se encontraban en los trabajos de un trovador provenzal, y que este, a su vez, había recibido la información de un tal Flegetanis, astrónomo y sabio hermetista llegado de Oriente. Es precisamente en este punto en donde la historia se hace más interesante. ¿Quién era este misterioso individuo? ¿Por qué insiste tanto en su referencia Wolfram von Eschenbach que, a su vez, se sentía muy orgulloso de pertenecer al Temple?

Flegetanis formaba parte de «la estirpe de Salomón» y había escrito la historia del Grial basándose en unos conocimientos astrológicos que le habían permitido descubrir profundos y estremecedores secretos. Pero, al mismo tiempo, el nombre de Flegetanis podría ser la traducción incorrecta del título de un texto árabe, un tratado de astrología y de ciencia hermética que procedía —la cadena de procedencias sigue alargándose— de textos sagrados zoroástricos.

De este modo, hemos llegado nuevamente a las tierras iranias, de las que procedía la secta de nuestros amigos los ismailitas Asesinos. Uno de los modernos investigadores de la conexión entre el mito griálico occidental y sus orígenes orientales, Pierre Ponsoye, afirma que en la figura de Flegetanis se encuentran de forma expresa la fuente islámica del concepto del Grial y la conexión que une esa fuente con la tradición esotérica a la que se remitía la Orden del Temple. Es muy posible.

Por otro lado, vale la pena examinar una de las pruebas por las que Lanzarote ha de pasar en su iniciación: cruzar un puente formado por una espada. En pocas palabras, se verá obligado a caminar «por el filo de la navaja». El puente está tendido sobre las amenazantes aguas de un torrente impetuoso, dispuesto a tragárselo al menor resbalón. Es esta una prueba que podemos encontrar idéntica, o al menos muy parecida, en el libro sagrado del mazdeísmo, el *Avesta*. Tales coincidencias hacen afirmar a varios estudiosos que el comportamiento, los objetivos y la ética caballeresca de Oriente son anteriores a los surgidos en Occidente en plena Edad Media. Los templarios, que estuvieron en contacto permanente con el mundo árabe, debían conocer suficientemente los principios en que se basaban órdenes caballerescas como la que muy bien pudiera constituir la secta de los Asesinos. Y la búsqueda de una realización interior trascendente —que eso es, en el fondo, la búsqueda mítica del Grial— podría haber sido compartida por las dos partes.

CAPÍTULO IX

Se inicia el declive

A finales del siglo XIII la Orden del Temple contaba con casi 30.000 miembros, estaba perfectamente arraigada en la mayoría de los países europeos y constituía la potencia económica más fuerte de Occidente. A lo largo de toda la Edad Media no se había visto nada semejante. La institución caballeresca de aquellos nueve caballeros que en 1119 se habían presentado ante el rey de Jerusalén para que les concediera un solar en donde poder radicarse, no solo no se había extinguido al cabo de ciento ochenta años, sino que se había transformado en la dueña de media Europa; sus encomiendas más importantes se contaban por decenas, y en su casa matriz de París se atendían las necesidades financieras de los monarcas y de los grandes señores europeos. Pero...

Primeros reveses

Pero las cosas no marchaban nada bien. Aunque la riqueza e importancia mostradas por el Temple en Palestina no eran más que una pequeña parte de la potencia que significaba la orden en Europa, no hay que olvidar que sus raíces se encontraban en las tierras de ultramar y que todo su prestigio se había labrado en ellas. Y era precisamente en aquella región en la que ahora el Temple empezaba a tener sus primeros reveses.

El 18 de octubre de 1244 se produjo el desastre de Gaza, en el que el ejército cristiano quedó destrozado y prácticamente exterminados los templarios que tomaron parte en el enfrentamiento. Pero las cosas todavía se pondrían peor. Unos años después de la derrota mencionada, tuvo lugar la batalla de Mansura, de la que ya dimos cuenta. De nuevo, los templarios volvieron a ser aniquilados, pese a las advertencias hechas por su Gran Maestre al jefe de las tropas cruzadas, Roberto de Artois, hermano del rey francés. A partir de 1270 los templarios de Tierra Santa se encuentran notablemente debilitados, pero todavía siguen representando una fuerza poderosa.

Y llegan así los peores reveses. En 1289 la hermosa ciudad costera de Trípoli sufre el acoso del ejército musulmán, más numeroso y mejor armado que las sitiadas tropas cristianas. Tras una resistencia desesperada, las hordas de los mamelucos se lanzan sobre la ciudad y la matanza es terrible. En la batalla perecen numerosos templarios y, entre ellos, su jefe local, el español Pedro de Moncada.

La caída de Trípoli representó un golpe muy duro para los cristianos que todavía se mantenían en las prósperas ciudades de la costa siria. Se había supuesto hasta entonces, que mientras no se mostraran agresivos, los musulmanes no se meterían con ellos. Pero, desgraciadamente, lo sucedido en Trípoli les demostró que no podían concebir demasiadas ilusiones. Los templarios comprendieron que tampoco su situación estaba segura en aquella zona. Pese a ello, mantuvieron una guarnición en Acre, ciudad costera situada al sur de la importante plaza fuerte de Tiro.

En el verano de 1290, por causas poco aclaradas, se produjo en Acre una matanza de musulmanes que azuzó la ira del sultán. Los templarios trataron de atemperar la situación, y en vista de que el ataque se veía inminente alertaron a los jefes de otras órdenes y a los capitanes de la guarnición cruzada. De poco sirvieron sus avisos, ya que los tacharon —una vez más— de cobardes. No obstante, los templarios prosiguieron con sus contactos que permitieron retrasar el ataque, y hasta albergar la esperanza de que no llegara a producirse. Pero la suerte de Acre estaba echada.

El sitio duró pocos meses. En la primavera de 1291 la plaza caía en poder de los mamelucos, y el Gran Maestre del Temple, Guillermo de Beujeau, moría defendiendo las torres. Los escasos templarios que sobrevivieron a la masacre tuvieron que replegarse hacia el sur. A la toma de Acre siguió poco después la de Tiro, plaza fuerte que se consideraba inexpugnable pero que fue abandonada por la guarnición cristiana antes de que llegaran las huestes enemigas. Ante una situación tan crítica, que amenazaba con acabar con la presencia cristiana en Palestina, los templarios se propusieron establecer un último frente en Sidón. Reunieron todas las fuerzas disponibles y se pusieron a las órdenes del nuevo Gran Maestre, Tibaldo Gaudin, elegido tras la muerte de Guillermo de Beaujeau. El asedio de Sidón duró poco más de un mes. En su transcurso, Gaudin zarpó hasta la vecina Chipre en busca de ayuda, pero nada consiguió. La plaza fue tomada, pese a la valiente defensa que de ella hicieron los templarios. Poco tiempo después caían también las fortalezas de Tartus y Athlit. Todo cuanto le quedaba en Palestina al Temple se reducía ahora a la isla fortaleza de Ruad, frente a las costas de Tartus. Allí se mantuvieron todavía —e incomprensiblemente— durante casi doce años más, hasta 1303, cuando ya el futuro de la orden empezaba a oscurecerse.

Planes para una alianza imposible

La obligada retirada del Temple de Palestina representó un duro golpe para la orden que, de esta manera, veía muy mermado su prestigio. Recordemos que su razón de ser se basaba en la protección de aquellas tierras de ultramar, y que si bien las iniciales propuestas se habían convertido andando los años en otras mucho más amplias e interesadas, el forzado abandono de Tierra Santa significaba un notorio descrédito y una nueva arma más para sus detractores.

Los templarios, tras la caída de Acre, optaron por establecer sus cuarteles generales en Chipre, isla que años atrás habían comprado a Ricardo de Inglaterra por la considerable suma de un millón de besantes y que, posteriormente, cedieron al rey Guido de Lusignan. Allí se mantendrían durante algún tiempo, aunque sus intereses a partir de entonces se volcaron en Europa. De sobra sabían que, con la pérdida de Tierra Santa, Jerusalén había dejado de ser definitivamente su centro espiritual.

Y así llega el año 1305 y, con él, más problemas para los templarios, que si bien siguen constituyendo una fuerza económica de primera magnitud en toda Europa, empiezan a ver cómo otros poderes —la Iglesia y la Corona francesa— maquinan arteramente para reducir su fuerza y acabar con ellos.

En ese año ocupaba el solio pontificio Clemente V, Papa que siempre miró con recelo la potencia del Temple, y que ahora acariciaba una idea que, so capa de resultar beneficiosa para la cristiandad, e incluso para los templarios, podía redundar en el apetecido aniquilamiento de estos.

Clemente V, nombre papal del arzobispo de Burdeos Bertrand de Got, no era un personaje muy respetable. Paradójicamente, era bisnieto por línea materna de Bertrand de Blanchefort, el hombre que había sido Gran Maestre del Temple nada menos que durante trece años y en unos tiempos en los que la orden se encontraba en su mejor momento. Pero el nieto carecía del temperamento de su antepasado. Era un hombre débil, al que le gusta sobremanera el lujo y la buena vida.

Aunque debía su nombramiento al rey de Francia, Felipe el Hermoso, y por tanto se sentía muy obligado a él, no dejaba por ello de mostrarse como monarca de gustos fastuosos, poseyendo una corte digna del soberano más imponente. Ambicioso y necesitado siempre de dinero —sus lujos, su corte y su querida le costaban una enorme fortuna—, había despojado en su propio beneficio a iglesias y conventos, lo que no le había granjeado demasiadas simpatías. En Francia, de donde no saldría, pues había fijado su sede papal en Aviñón, gozaba de la peor reputación. Pues bien, este personaje iba a desempeñar un papel decisivo en la persecución de la Orden del Temple.

Para empezar, se le ocurrió la peregrina idea de fundir en una a las dos órdenes religioso-caballerescas más importantes del momento: la del Temple y la de los Hospitalarios. Era una forma de debilitarlas, especialmente a la primera, hacia la que no sentía simpatía alguna. Pero el Gran Maestre, a la sazón Jacques de Molay, vio la jugada del Pontífice y supo ingeniárselas para rechazar la oferta, alegando una serie de razones que, a simple vista, parecían de peso, y sin hacer resaltar el antagonismo existente entre templarios y hospitalarios. Treinta años antes, otro Papa, en aquella ocasión Gregorio X, también había pretendido una cosa parecida en el Concilio de Lyon. La fusión de las dos órdenes tuvo, pues, que anularse por segunda vez, con el consiguiente disgusto del Pontífice. Pero ello no impidió que los dos socios, él y su protector y beneficiario Felipe el Hermoso, planeasen nuevas y más drásticas estratagemas contra el Temple.

El último Gran Maestre

El frecuentemente denostado Jacques de Molay, último Gran Maestre, no parece que haya sido tan débil ni tan incompetente como algunos historiadores aseguran. Desgraciadamente le correspondió pasar a la posteridad por ser protagonista de unos hechos trágicos, pero estos posiblemente también hubieran sucedido si hubiese sido otro el que ocupara la más alta magistratura de la orden.

El último Gran Maestre había nacido probablemente en 1245, en Molay, pequeña localidad francesa de donde tomó el nombre. A los veinte años ingresó en la orden, y durante más de treinta perteneció a ella sin que su actuación revelase grandes méritos. Por tal circunstancia se lo eligió en 1295 para el maestrazgo de la orden entre serias dudas, teniendo en cuenta sobre todo la delicada situación por la que aquella estaba pasando. Sin embargo, Molay se mostró en adelante como un hombre sagaz y un buen soldado. En ultramar dirigió algunas rápidas campañas militares contra los mamelucos que tal vez hubieran obtenido más brillantes resultados si se le hubiera prestado el debido apoyo.

Pero el papel de los cristianos en Palestina ya se había acabado. En realidad, la caída de Acre significó el final, y a partir de ahí poco o nada se podía hacer. Los monarcas europeos lo sabían, y los templarios lo sabían también. Esta sensación de derrota y acabamiento contribuyó a que se relajasen las costumbres de quienes habían sido valientes soldados, «los primeros en el ataque y los últimos en la retirada». Jacques de Molay conocía de sobra lo que estaba sucediendo; y sabía igualmente que las antipatías de que habían sido objeto sus hombres —el orgullo y la prepotencia, por desgracia, siempre estuvieron presentes en las filas del Temple— crecían por momentos. ¿Qué se podía hacer para recuperar la dignidad y el prestigio del Temple en Palestina?

A Jacques de Molay se le ocurrió un plan para reconquistar las tierras perdidas. Partió en 1306 hacia Aviñón —en donde se encontraba desde su coronación la corte papal de Clemente V— y expuso su informe. En líneas generales, se trataba de una magna expedición: diez grandes galeras partirían hacia Chipre, limpiando previamente el mar de corsarios y piratas sarracenos; después las seguiría un gran ejército de quince mil jinetes y cuarenta o cincuenta mil infantes. Estas tropas reconquistarían toda la costa siria y tomarían posteriormete Jerusalén. Los monarcas de Occidente no deberían oponerse al reclutamiento de un ejército de esa envergadura, y debería convencerse a las repúblicas italianas para que facilitasen los medios de transporte. Este era el plan del Gran Maestre. Un plan que jamás se llevó a cabo.

Un personaje sobresaliente: Raimundo Lulio

En su visita a Aviñón, Jacques de Molay se percató de que algo muy serio se estaba fraguando en contra de su orden. Tras el fracaso de los planes que había presentado al Papa, a los templarios de ultramar solamente les quedaba el recurso de permanecer en Chipre, en donde, además de tener que compartir el terreno con los hospitalarios, lo único que hacían era malgastar el tiempo.

Antes de partir para Aviñón, Jacques de Molay se había entrevistado, a fin de conseguir apoyos para su plan, con una figura que gozaba de gran prestigio: Raimon Llull, el Raimundo Lulio de los castellanos. Lulio había nacido en Mallorca en 1235, hijo de uno de los señores que habían acompañado al rey Jaime I a la conquista de aquella isla. Por lo que se sabe, vivió una juventud muy turbulenta y apasionada hasta que un episodio de corte un tanto melodramático (al parecer, la dama de quien estaba prendado y que rechazaba sistemáticamente sus proposiciones lo recibió un día y le mostró su pecho devorado por un cáncer terrible: «Mira la podredumbre de este cuerpo que tanto ansiabas conquistar» —le dijo—, «¿no hubiera sido mejor para ti que dirigieras tu amor hacia Jesucristo, de quien recibirás un premio eterno?») hizo que su vida disipada cambiara de raíz. Fuera cierto o no este episodio, el hecho es que Lulio vivió una crisis interior muy profunda que transformó por entero su vida.

Hecho terciario franciscano y decidido a convertir a judíos y musulmanes, Lulio viajó por toda Europa, estudió intensamente filosofía y teología en distintas universidades para adquirir los conocimientos de que carecía y se convirtió en una de las figuras más sobresalientes del pensamiento, de la literatura y de la mística —el *Doctor illuminatus* de la Iglesia— de Occidente. Su afán misionero lo incitó a estudiar árabe y hebreo, y a ilusionarse con la idea de reconquistar Tierra Santa y convertir a los infieles.

Plenamente convencido de su idea, escribió un pequeño tratado —su obra es muy extensa y abarca desde textos filosóficos hasta otros científicos, literarios y poéticos— en el que exponía sus razonamientos para conquistar nuevamente los territorios perdidos de ultramar: *Liber de adquisitiones Terrae Sanctae*. Presentó la obra a Clemente V, el cual escuchó la exposición del sabio mallorquín con mucho respeto, pero no le hizo gran caso. Debía estar un poco cansado de tantos monjes visionarios y tratados sobre la mejor forma de recuperar Palestina, porque años atrás otro franciscano, Fidenzo de Padua, había escrito un opúsculo de intención idéntica a la del sabio mallorquín, que en su momento había dedicado al Papa anterior, Nicolás IV.

Lulio viajó a Chipre, se informó de primera mano de la situación de los cristianos en ultramar y, por último, como ya se ha dicho, se entrevistó con Jacques de Molay. Pero este encuentro no benefició para nada al Temple. Lulio tampoco sentía mucha simpatía por la orden, y era de la opinión de que templarios y hospitalarios deberían unirse para dar una mejor respuesta a la Media Luna; una opinión que modificó más adelante, para manifestar que la Orden del Temple debía ser abolida porque ya no podía cumplir los objetivos para los que había sido fundada.

La dimensión intelectual, e incluso la visión política, de Lulio eran lo suficientemente importantes como para que sus consejos en este sentido no fueran echados en saco roto por el Pontífice. Y este, que ya estaba predispuesto en contra de los templarios, debió recibir con las advertencias del sabio mallorquín nuevos refuerzos para la toma de futuras decisiones.

CAPÍTULO X

Persecución y condena del Temple

AUNQUE, como ya se ha dicho, el futuro del Temple mostraba desde hacía años tintes demasiado sombríos, 1307 es la fecha que marca, de modo irremisible, el fin de la orden.

Pese a los malos augurios que Jacques de Molay podía percibir en todas partes, es posible que el Gran Maestre jamás llegara a pensar que los acontecimientos iban a desencadenarse en tiempo tan breve y de forma tan trágica. Ciertamente, los reveses acaecidos en ultramar habían asestado un golpe sumamente duro a la orden, pero esta seguía siendo muy fuerte en Europa. En ese año de 1307 sus miembros, entre caballeros, escuderos y sirvientes, podía rozar la cifra de 30.000; las encomiendas que la orden poseía en múltiples países eran innumerables; las riquezas mobiliarias colocadas en sus casas, iglesias y, especialmente, en la torre del Temple de París, eran también incalculables. ¿Qué pudo suceder entonces para que de la noche a la mañana todo ese imperio se viniera abajo? ¿Cómo se puede explicar este hecho? ¿Qué razones justifican su aniquilamiento? Preguntas para las que sigue sin haber una fácil respuesta. Empecemos, no obstante, por analizar el temperamento de los tres fautores de la hecatombe: Felipe IV de Francia, el papa Clemente V y la mano de hierro del monarca francés: Guillermo de Nogaret.

Felipe el Hermoso: Un monarca sin muchos escrúpulos

Felipe IV el Hermoso, hijo de Felipe III el Atrevido y nieto de aquel Luis IX —que fracasó de manera tan rotunda en su Cruzada, pero que no por eso dejó de ser el monarca más poderoso de Occidente—, era rey de Francia desde 1285. Cuando subió al trono, la época de las Cruzadas en ultramar había tocado a su fin con las fallidas expediciones de su abuelo, que dejaran bien sentado que ya nada se podía hacer en aquellas tierras contra el poder musulmán. Además, los intereses de Felipe no estaban puestos en la hipotética reconquista de Tierra Santa, sino en consolidar la monarquía mediante una política financiera hábil que mostrara ser la más beneficiosa en aquellas circunstancias

Para ello, y entre otras medidas, estableció una normativa mediante la cual se podía sustituir la obligada prestación militar de los vasallos en caso de guerra por una prestación dineraria que se empleaba para el reclutamiento de mercenarios. Una fórmula que se adoptó, con ligeras variaciones, en muchos países hasta el siglo XX: si tienes dinero, no estás obligado a arriesgar la vida en el frente.

La entidad personal de este monarca ha sido objeto de controvertidos estudios. Para algunos historiadores fue un rey sagaz, buen político y hombre piadoso. Para otros representa al prototipo del rey maquiavélico, oportunista, mendaz y codicioso. La verdad es que Felipe IV de Francia fue una figura desagradable y de una desmedida codicia. Como preceptor, durante sus años mozos, tuvo a un hombre notable, Egidio Romano, el primer maestro de la Universidad de París, perteneciente a la orden de los agustinos, y un destacado filósofo y teólogo. Es posible que algo aprendiera de él. Su relación con los dominicos —los *Domini canes*— fue estrecha, pues su propio confesor pertenecía a esa orden, y es muy probable que la influencia dominica fuera notable a la hora de la persecución de los templarios.

En un principio, Felipe mantuvo una relación aparentemente amistosa con el Temple, y aunque esta ya no estaba vi-

viendo sus mejores tiempos, parece que incluso llegó a solicitar el ingreso en ella de su segundo hijo, cosa que no consiguió. Posteriormente pidió para él mismo el ingreso como miembro honorario, y también fue rechazado; unos desplantes que debieron resultarle muy amargos. ¿Fueron ellos parte de los motivos que alimentaron su odio hacia el Temple? Tal vez, aunque se nos antojan hechos no muy relevantes. Otras, y de más peso, fueron las razones que contaron para justificar la persecución de los templarios.

La situación financiera de la Corona francesa era muy delicada. Felipe había esquilmado a judíos y lombardos, pero estas comunidades ya no podían aportar más dinero. En 1306 se publicó un edicto por el cual a partir del mes de agosto de aquel año todos los pagos deberían hacerse en «moneda fuerte». El pueblo, que durante once años había venido pagando las cosas en moneda débil, vio cómo, de la noche a la mañana, el costo de sus pagos se veía triplicado. Hubo una revuelta en París y el rey tuvo que buscar refugio en la torre del Temple, mientras se sofocaba el motín y se ahorcaba a sus cabecillas. Pero aquel suceso aumentaría la indignación y la confusión de Felipe, al verse obligado a asilarse con aquellos para quienes ya estaba tramando su final.

En 1303 surge un gran conflicto entre Felipe y el Papa, a la sazón Bonifacio VIII. Aquel pretendía gravar con nuevos impuestos a clérigos y sacerdotes, cosa a la que se opuso terminantemente el Pontífice. El rey francés mandó entonces una embajada a Roma presidida por su canciller, Guillermo de Nogaret, pero Bonifacio la despidió con cajas destempladas. Era una ofensa que Felipe no estaba dispuesto a tolerar. Reunió a obispos, arzobispos y demás prelados en su palacio del Louvre y les leyó un manifiesto en que ponía al Papa de vuelta y media, acusándolo de herético, simoníaco, sodomita y un sinfín de cosas más. Enterado del libelo, el Pontífice se dispuso a excomulgarlo. Y es aquí donde de nuevo interviene el nefasto Guillermo de Nogaret.

Una mano de hierro: Guillermo de Nogaret

Guillermo de Nogaret había nacido cerca de Agen, en plena Gascuña. Hombre de notable inteligencia, llegó a ser profesor de Leyes en la Universidad de Montpellier, alcanzando posteriormente cargos de importancia en distintas ciudades. A partir de 1296 dirigió un equipo de legistas que sustentaron los principios del Derecho romano y defendieron la razón de Estado como principio fundamental. Su brillante intelecto y su gran astucia hicieron que en poco tiempo se ganara el favor real, convirtiéndose en uno de los consejeros más influyentes y allegados al monarca. Él fue el responsable de la represión llevada a cabo contra los banqueros lombardos y los judíos de Languedoc, a quienes no dudó en confiscar sus bienes en beneficio de la Corona.

En 1303, cuando se produce el conflicto entre Felipe IV y el papa Bonifacio, Nogaret capitanea una tropa numerosa y se dirige al palacio de Anagni en donde se encuentra el Pontífice y lo hace prisionero, tratando de llevarlo a Francia y juzgarlo en un concilio amañado por el rey. Pero los planes se le vienen abajo cuando el pueblo, enterado de lo sucedido, libera a Bonifacio y lo lleva a Roma. Pocos días después moría este Papa y era elegido Benito XI, que quiso enfrentarse a Nogaret, al que pensaba excomulgar por las ofensas infligidas a su predecesor. Pero el nuevo Papa fallece también pocos días después de su elección. Muertes ambas muy oportunas y un tanto misteriosas.

Pues bien, a este personaje taimado, brillante y genial urdidor de oscuras estrategias encomendó el monarca francés la investigación de los asuntos del Temple. En 1306, Felipe IV estaba dispuesto a liquidar como fuera una orden a la que veía con temor ahora que, tras la debacle de ultramar, todo su poder se había concentrado en tierras francesas y sus huestes eran capaces de crear revueltas de difícil solución. Por si esto fuera poco, estaba el tema de sus riquezas, que se juzgaban inmensas y que, debidamente incautadas, solucionarían los graves problemas financieros de la Corona.

Guillermo de Nogaret decidió utilizar estrategias similares a las que ya le habían proporcionado buenos resultados contra judíos y lombardos. Era necesario, en primer lugar, crear un ambiente propicio en el pueblo; que este empezara a enterarse, mediante rumores sabiamente propalados, de lo dañina y herética que era aquella Orden del Temple que se dedicaba a atesorar riquezas, entregarse a las prácticas más escandalosas y a los cultos más blasfemos. Después, habría que agenciarse testigos que confirmaran esos rumores, transformándolos en verdades repugnantes pero convincentes. Por último, se solicitaría la ayuda papal —ya que los templarios solo dependían de esa jerarquía— para que permitiese las indagaciones oportunas, la posterior condena y la aniquilación definitiva de la orden maléfica.

En esta ocasión, el papado no iba a representar un obstáculo. Clemente V era un fiel vasallo del monarca francés, desde el momento en que este hiciera nombrarlo Sumo Pontífice. Incluso había renunciado a que la Santa Sede estuviese en Roma, trasladándola a Aviñón, en la Provenza francesa. No, el Papa, lejos de ser un inconveniente, sería un fiel aliado. Era necesario, no obstante, evitar las sospechas. Y Nogaret se las ingenió para que sus planes no pudieran traslucirse. Se sabe que días antes del arresto de Jacques de Molay se invitó a este para que asistiera con toda la corte a los actos fúnebres en honor de una princesa real. Había que obrar con máxima cautela.

Se urde el complot

De Clemente V ya hemos apuntado algunos rasgos. Hombre sensual y amante del lujo y el boato, se preocupaba más de no incomodar a su protector, Felipe IV, que de vigilar las posibles desviaciones de su actuación. Consciente del ultraje que Guillermo de Nogaret y los hombres del rey habían infligido a Bonifacio VIII en Agnani, lejos de solicitar una investigación sobre aquellos hechos y reivindicar de este modo la memoria ultrajada de su predecesor, hizo todo lo contrario. Siguiendo las imposiciones del monarca francés, eximió a este de toda culpa y responsabilizó a Bonifacio VIII de haber sido el único causante de lo sucedido. Se cree que esta absolución papal formaba parte del trato establecido con el monarca para conseguir el solio pontificio. Es muy posible.

Aquí están, pues, los tres personajes fundamentales que se han propuesto llevar a cabo la aniquilación del Temple: el codicioso rey de Francia Felipe IV, su brazo de hierro, Guillermo de Nogaret, y ese Papa débil e hipotecado con el poder real que es Clemente V. Pero veamos ahora el papel desempeñado por otros personajes secundarios responsables de haber tejido los primeros hilos de la trama.

En 1303, un tal Esquin o Esquiu de Floyran, elemento peligroso y antiguo templario, según se cree, se dispuso a propalar los secretos de su antigua orden que decía conocer muy bien, y de acusarla ante las autoridades civiles y religiosas. El tal Floyran había regentado una encomienda en el sur de Francia, pero la había perdido al ser acusado de una muerte poco clara. Posteriormente se lo expulsó del Temple y esto ya debió colmar su paciencia. El caso es que después de mantener algunos contactos con personajes influyentes, entre los que se encontraba Guillermo de Nogaret, Floyran se presentó en la corte del rey de Aragón, Jaime II, para denunciar los «crímenes» de los templarios. El monarca aragonés se había mostrado siempre aliado del Temple, al que debía no pocos favores, y no se interesó por las palabras de Floyran. Pero el templario renegado estaba dispuesto a llevar a cabo su venganza hasta el final y, de nuevo instigado por Guillermo de Nogaret, se decidió a visitar a Felipe IV con ánimo de no fracasar en esta ocasión.

El rey francés escuchó complacido a Floyran y a dos o tres templarios más, renegados como aquel. Ahora ya se disponía de testigos que podían acreditar las aberraciones templarias. En la primavera de 1307 se reúne con Clemente V y lo pone al tanto de lo que sabe. En un principio, el Papa no parece muy convencido, pero instigado por el monarca que insiste en presentarle nuevos testimonios, decide abrir una investigación solicitando del rey más datos incriminatorios. El Pontífice se encuentra en una situación comprometida: por un lado, está su dependencia del rey francés, a quien le debe su coronación; por el otro, considera que una operación de semejante envergadura contra una orden tan poderosa como es la del Temple —hacia la que no siente simpatía alguna, hay que decirlo— puede representar una situación muy peligrosa para la Iglesia. ¿Qué hacer?

Ante las dilaciones y dudas papales, Felipe decide tomar las riendas del asunto. El 14 de septiembre envía desde la abadía de Sainte-Marie de Pontoise un largo escrito a senescales, barones y magistrados con órdenes precisas de arresto de todos los templarios del reino. El escrito es extenso y en él se explican con detalle —y con notable hipocresía— los motivos que obligan al monarca a tomar esta dramática decisión. (Véase un fragmento de esta curiosa órden en los Apéndices de esta misma obra.)

El arresto

El 13 de octubre de 1307 tropas reales se dirigen a las casas y encomiendas templarias existentes en Francia con el propósito de detener a cuantos caballeros, escuderos y sirvientes puedan encontrar en ellas. En algunos casos los acusados no ofrecieron resistencia, quizá porque supusieron que se trataba de un error y que todo se resolvería satisfactoriamente. En otros, por el contrario, se produjeron enfrentamientos sangrientos. Las detenciones fueron, en cualquier caso, muy numerosas.

Al Gran Maestre, Jacques de Molay, que la víspera había asistido como invitado de honor a un acto solemne de la corte, se le arrancó sin contemplaciones del lecho y se le llevó preso. Inmediatamente, Felipe IV se instaló en la Torre del Temple para demostrar públicamente que desde ese momento era él el único señor y que la orden quedaba abolida. Evidentemente, y dada la importancia de aquellos hechos, era necesaria la formación de un concilio en el que fuera ratificada por la Iglesia la actuación real. Pero ese concilio todavía tardaría cinco años en tener lugar.

Mientras tanto, el rey no pierde el tiempo. Tanto él como Nogaret saben muy bien que el arresto de los templarios franceses —muchos han logrado escapar y buscado refugio en otros países— no soluciona el problema. El Temple sigue siendo fuerte allende las fronteras del reino. Hay países que no están dispuestos a seguir el ejemplo del monarca francés. Y aunque algunas de las acusaciones vertidas contra los templarios parecen de peso, también se tienen en cuenta los intereses económicos que pudieron haber influido en la decisión de Felipe.

¿Y el Papa? ¿Qué hacía y pensaba a todo esto Clemente V? Las investigaciones que ha ordenado llevar a cabo no arrojan mucha luz sobre las acusaciones. Y, sobre todo, se siente muy molesto por habérsele colocado frente a una situación de hechos consumados. Al fin y al cabo, él es la única autoridad sobre la Orden del Temple, y ningún monarca de la Tierra puede tomar medidas como las que ha tomado Felipe IV. Pero, por otro lado —y en esto radica el gran problema—, no puede enemistarse con el rey francés. Aun así, se decidió a escribirle reconviniéndolo por una actuación que consideraba improcedente: el rey no solo había apresado a unos servidores de Dios sino que los retenía en calabozos y prisiones, tratando de conseguir confesiones a la fuerza.

Como era previsible, a Felipe el Hermoso la postura del Pontífice le pareció de lo más inoportuna. ¿Es que acaso aquel hombre que le debía el solio se iba a poner del lado de los herejes? Le tachó de blando, de hombre tibio y le recordó lo que Dios pensaba de estos. Para rematar la amonestación, le hizo ver que cualquier demora que se tuviera en el proceso de condena del Temple se vería por la cristiandad como un acto de connivencia con aquellas gentes protervas, y le recordaba además que su posición no contaba con la aprobación de muchos monarcas. A Clemente se le puso la piel de gallina. ¿Complicidad con blasfemos y herejes? Jamás habría de acusárselo de una cosa así. Era necesario tomar medidas urgentes.

Por tanto, y aunque no estaba convencido de la culpabilidad de los templarios, el Papa se vio obligado a publicar una pastoral en la que pedía a todos los reyes de la cristiandad que ordenaran su arresto. Pero dominado por unas dudas que no podía evitar, y apoyado por los informes de dos de sus cardenales de confianza que le informaron de que un buen número de templarios ya habían muerto a causa de las torturas, revocó la petición que había formulado en su reciente bula. El angustiado Pontífice no sabía con qué carta quedarse.

Los que cada vez estaban más convencidos de que había que exterminar al Temple de cuajo y cuanto antes eran Felipe IV y su hombre de confianza, Guillermo de Nogaret. Sabedores de que tenían que ganarse a la opinión pública de una vez por todas, el monarca convocó en la ciudad de Tours a los Estados Generales, una especie de Parlamento del reino, al que esperaba manejar a su antojo. No le costó trabajo conseguirlo. Lo hizo, además, con la astucia que lo caracterizaba: mostrándose como un defensor de la fe que, aunque disponía de pruebas y argumentos convincentes contra los templarios, prefería que fuesen los Estados Generales quienes tuviesen la última palabra. Él se limitaría a hacer cumplir lo acordado.

Los «parlamentarios» apoyaron al rey sin dudarlo, y hasta manifestaron abiertamente que si el clero se oponía a su veredicto —que era, naturalmente, condenatorio—, estaban decididos a enfrentarse drásticamente a la Iglesia. Por si esto no fuera suficiente, el infatigable Nogaret empezó a difundir una serie de escritos en los que se difamaba la figura del Pontífice. Este se vio en repetidas ocasiones acosado por las fuerzas reales que lo retuvieron en Poitiers en contra de su voluntad. Ante tal cúmulo de circunstancias adversas, no había más remedio que doblegarse. Y a Clemente V no le costó demasiado hacerlo.

Juicios, confesiones y retractaciones

En aquel mes de octubre de 1307 se inició el camino al Gólgota de la Orden del Temple. Al arresto de Jacques de Molay le siguen cientos de detenciones por toda Francia. Se saquean las casas y encomiendas que la orden tiene por doquier sin que en ellas quede nada de valor. Se rastrean las pistas que pueden llevar a los escondites de aquellos templarios más sobresalientes que siguen huidos. Pero, sobre todo, se busca afanosamente el grueso de ese «tesoro del Temple» del que Felipe el Hermoso tanto ha oído y del que necesita apropiarse cuanto antes. Pero ese tesoro no aparece por ninguna parte. Las cosas no están saliendo como en un principio calculó el monarca y le aseguraron sus consejeros. Es necesario, pues, que empiece el turno de los juicios en los que, con la ayuda de necesarios «interrogatorios», se conseguirá lo que se busca.

A partir de mediados de ese mes de octubre se inicia la investigación, que está dirigida en su más alta instancia por una figura siniestra: el Gran Inquisidor de Francia, Guillaume Pâris. La forma en que se van a llevar a cabo los interrogatorios e instrucciones no puede ser más arbitraria. La tortura —cuya aplicación a eclesiásticos no estaba permitida— se emplea pródiga y brutalmente. Como ya se ha dicho, no fueron pocos los templarios que murieron en las mazmorras inquisitoriales. Al Papa llegan noticias de lo que está sucediendo, pero, de ahora en adelante, guardará un silencio cómplice. Pero ese silencio, ¿no tendrá acaso algún asomo de razón?

No hay duda de que el potro sabe arrancar de la víctima la confesión que se desea escuchar. En estos casos, además, el Gran Inquisidor había dado órdenes de que no se escribieran más que aquellas que resultaran inculpatorias para el acusado y denigraran al Temple. Pero hubo situaciones que resultan un tanto incomprensibles. Hay constancia de que pocos meses después de que empezaran a llevarse a cabo los arrestos masivos, un numeroso grupo de templarios se presentaron ante el Papa y ratificaron, sin que fueran forzados a ello, muchas de las acusaciones de las que se les hacía objeto. ¿Estaban asustados y buscaban con esa confesión voluntaria la absolución papal? ¿Se hallaban en verdad arrepentidos? Cualquiera de las dos posibilidades es válida. Lo cierto es que ante Clemente V confirmaron parte de aquel ritual de ingreso en la orden que se mostraba como una serie de actos nefandos: la renegación de Cristo, el escupitajo a la cruz, los besos impúdicos, la tolerancia de la sodomía, el culto a un ídolo en forma de cabeza humana, etc. El Papa, lógicamente, se quedó horrorizado.

¿Pero qué sucedía con los grandes dignatarios de la orden? Pues algo que resulta muy sorprendente. Pocos días después de ser detenido, el comendador de la provincia de Normandía, Geoffroi de Charnay, hace unas declaraciones que dejan estupefactos —y, por supuesto, muy satisfechos— a los miembros del tribunal. Reconoce que son ciertos los actos de renegación de Cristo y los ósculos impuros en el momento de la admisión. En lo tocante al cargo de sodomía, afirma que, desde el principio, se le dijo que tal práctica era preferible al comercio carnal con mujeres.

Jacques de Molay hace unas declaraciones parecidas cuando se lo interroga. Es probable que en su caso tampoco se hubiera omitido la tortura, y que el Gran Maestre hiciera esas confesiones en el potro, porque pocos días después, cuando cree que va a pasar a disposición de la jurisdicción eclesiástica, mucho más benévola, se retracta. Pero la cosa no termina ahí. Jacques de Molay pasa en los meses siguientes por una serie de confesiones y de nuevas retractaciones. ¿Es todo producto de una estrategia para dilatar la posible condena y salvar a la orden y a sí mismo?

El fin del Temple

Durante los cinco años escasos que transcurrieron desde aquel fatídico 13 de octubre de 1307, en que se llevó a término la requisitoria de Felipe IV, y el 3 de abril de 1312, en que Clemente V disolvió «provisionalmente» la Orden del Temple, fue interminable la serie de propuestas, contrapropuestas, confesiones, delaciones y retractaciones habidas en el proceso contra los templarios.

Un hecho ha sorprendido siempre, por su aparente oscuridad, a cuantos estudiaron y estudian el dramático final de la orden. ¿Cómo pudo producirse semejante desastre en una institución que contaba con todos los medios militares, financieros y organizativos necesarios para evitarlo? ¿Cómo, una vez iniciada la persecución, no hubo una respuesta militar adecuada? ¿A qué se debieron las continuas vacilaciones de Jacques de Molay durante su largo proceso? ¿Qué se pretendía conseguir con aquella incomprensible actitud? ¿Qué trataba de ocultarse con ella? Son preguntas que carecen de fácil respuesta y a las que —como suele suceder con todo enigma histórico— se trata de aclarar estableciendo las hipótesis más peregrinas.

De lo que no hay duda es de que la actitud de los dignatarios, y muy especialmente la de su Gran Maestre, Jacques de Molay, rozó en más de una ocasión la cobardía, si nos atenemos a los hechos comprobados. De sobra debía conocer las intenciones que albergaba Felipe el Hermoso al tratar de eliminar al Temple. Las deudas contraídas por la Corona con la orden eran muy grandes y no parecía que se fueran a pagar. Había más motivos de índole mezquina que justificaban aquel ensañamiento real, y que Jacques de Molay nunca hizo públicos. En ningún momento se enfrentó a las artimañas reales, ni trató tampoco de desenmascarar las aviesas intenciones de Guillaume de Nogaret con una valiente declaración que hubiera podido, cuando menos, sembrar la duda en sus jueces. ¿A qué venía tanta reserva y poquedad de espíritu? Durante su estancia en Palestina se había mostrado valientemente en el campo de batalla. Nada demostraba en él un temperamento pusilánime o cobarde. Cierto que habían pasado bastantes años, y que cuando surgió la tormenta final era un hombre de edad avanzada para la época. Es posible que estuviese cansado, que esperase que otros monarcas europeos pudieran ayudarle, que confiase en que las cosas no irían demasiado lejos. Todo es posible.

Pero la realidad fue muy otra. En los primeros días de marzo de 1314, una comisión de cardenales nombrados por el Papa —que se había reservado el juicio de los máximos dignatarios— condenó a Jacques de Molay, Gran Maestre de la orden, a Hugues de Pairaud, visitador de Francia, y al resto de los grandes responsables del Temple, entre los que se encontraban Geoffroy de Gonneville y Geoffroy de Charnay, a cadena perpetua. En un último rasgo de valentía, Jacques de Molay y Geoffroy de Charnay protestaron de la sentencia. Se lamentaban de haber hecho falsas declaraciones y se retractaban de todas ellas. Pero ya era tarde. El brazo secular del rey los tomó bajo su poder y, considerándolos relapsos, los condenó a muerte.

El día 18 de ese mismo mes se preparó una pira en la isla de la Cité de París y Jacques de Molay, último Gran Maestre de la Orden del Temple, pereció quemado vivo en ella.

Asegura la tradición que, en sus últimos momentos, Molay lanzó una maldición contra el rey de Francia y el Papa, emplazándolos ante el tribunal de Dios. No hay confirmación histórica de ello. Cierto es, sin embargo, que ambos personajes encontraron la muerte en ese mismo año y con pocos meses de intervalo.

Entre la historia y la leyenda

L A muerte de Jacques de Molay y la persecución implacable del Temple en Francia no significó la desaparición de sus miembros en Europa. Hubiera resultado prácticamente imposible la extinción total de una organización centenaria, poderosa y bien organizada. Téngase presente que un gran número de caballeros lograron huir y encontraron asilo en conventos, monasterios y en el seno de otras órdenes religioso-caballerescas que no tuvieron reparo en esconderlos. Los que perecieron en la hoguera y en los calabozos inquisitoriales no debieron ser más de unos cuantos centenares, del total de aproximadamente quince mil miembros que formaban parte de la orden en Francia.

En el resto de Europa, pese a la bula de Clemente V que «suspendía» la orden, los templarios siguieron activos de una u otra manera. En Francia fue la Orden de los Hospitalarios la que recibió no solo a los miembros sino también muchos bienes del antiguo Temple. En Portugal, en donde los templarios habían sido absueltos, se transformaron en la Orden de los Caballeros de Cristo. En España, el rey Jaime II de Aragón permitió una estrategia parecida, creando la Orden de Montesa. En Alemania formaron parte de los Caballeros Teutónicos. Lo mismo sucedió en Inglaterra y en otros países europeos. De este modo el germen templario fructificó en otras órdenes caballerescas durante bastante tiempo.

Como se ha dicho en páginas anteriores, los cargos que se presentaron contra los templarios fueron específicamente cuatro: la negación de Cristo, la apostasía, la idolatría y la práctica de malos hábitos o costumbres. De ellas, las dos primeras acusaciones, que van íntimamente unidas, eran las más graves. Al mismo tiempo, son las que más nos interesa estudiar aquí.

En los múltiples interrogatorios llevados a cabo, los acusados confesaron abierta o veladamente el acto de negación e insulto a la figura del Cristo que se le presentaba clavado en la cruz. Si bien muchas de estas confesiones pudieron ser obtenidas por medio de tortura, otras se hicieron voluntariamente y hasta hubo algunas que se realizaron cuando los interesados estaban a punto de expirar y ya nada tenían que ganar o perder. El mismo Jacques de Molay dijo que él había realizado el acto de profanación de la cruz cuando ingresó en la orden. Negar que tales prácticas se llevaran a cabo sería absurdo, aunque evidentemente se pueda admitir que en ciertos casos las confesiones, sobre todo si se trataba de escuderos y criados, podían estar desfiguradas o mal entendidas. Pero hay una pregunta clave, decisiva, que necesita ser formulada a la hora de evaluar este acto ceremonial. ¿Qué sentido tenía y por qué se realizaba una cosa así?

Se ha hablado mucho de una regla secreta o interior, de índole netamente esotérica, que regía la actuación y los objetivos del Temple. Es posible que tal regla existiera. A este respecto, conviene tener presente que cabe dentro de lo admisible que los fundadores de la orden tuvieran buen conocimiento de instituciones y asociaciones caballeresco-religiosas que ya estaban establecidas en Palestina. Una de estas fue la Orden de Sión, fundada por Godofredo de Bouillon en 1099. Su objetivo inicial era el de unir miembros destacados, ya fueran de origen judío, musulmán o de otras confesiones religiosas, a fin de que se convirtieran en aliados de esa llamada Orden de Sión cristiana. Vemos, pues, que el germen de un sincretismo religioso estaba presente desde la llegada de los francos a Tierra Santa. Y Hugo de Payens y sus compañeros debieron estar muy abiertos a este espíritu de fusión de distintas creencias.

Posteriormente, los contactos que tuvieron los templarios con las múltiples corrientes religiosas de Oriente, ya fueran oficiales o heterodoxas, enriquecieron —y modificaron también— su visión de los principios intocables de la Iglesia católica. Y es aquí en donde entra de lleno la interpretación que hicieron de la figura de Jesús.

Especular sobre los conocimientos que pudieron haber tenido de los textos apócrifos y gnósticos aparecidos en Palestina y Egipto en pleno siglo XX caería sin duda en el ámbito de la más arrebatada fantasía. Pero es incontestable la enorme influencia que sobre ellos ejerció el contacto con otras corrientes cristianas heterodoxas —gnósticos, bogomilos, cátaros, etc.— que, lógicamente, basaban sus principios en fuentes no canónicas del cristianismo primitivo. O la relación habida con otro tipo de creencias ajenas totalmente al cristianismo, como eran el ismailismo de la secta de los *hashsdâshín*, o los cultos de origen zoroástrico.

En este sentido, hay que decir que carece de fundamento la hipótesis mantenida por algunos autores de que los templarios se habían convertido secretamente a la religión musulmana, aunque ciertamente fueran muy grandes la estima y los vínculos que les unieron con el mundo de la Media Luna, y que resulta evidente que el trasvase e interpenetración de ideas entre templarios y musulmanes fue prolongado e intenso.

Todo este tipo de informaciones, intercambios, relaciones e influencias que enriquecieron el pensamiento religioso de los templarios nos lleva a reconsiderar la interpretación que hacían de Jesús y de algunas de las figuras que le rodearon.

Adelantábamos ya en la Primera Parte de esta obra que el concepto que los templarios tenían de la figura del Maestro era absolutamente distinto del establecido por la Iglesia. Un ejemplo ilustrará esta concepción. En plena persecución de la orden, abril de 1310, un caballero templario, Gérard de Pasagie, testificó que cuando fue recibido en la orden, el hermano Baudoin, que hacía de oficiante en la ceremonia de admisión, le mostró una cruz de madera y le preguntó si creía que aquello era Dios. Él respondió que a su juicio era la imagen del Crucificado. Entonces el hermano Baudoin le dijo: «No lo creáis. Esto es un simple pedazo de madera, *Nuestro Señor está en los cielos*». He ahí claramente expuesta la idea que tenían los templarios de Jesús: un Ser de Luz, un Maestro de la Verdad revolucionario, mitad esenio y mitad zelote; un ser excepcional que, metafóricamente, «estaba en los cielos». Nada que ver con el Cristo crucificado de los Evangelios.

Están después esos otros personajes que formaron parte de cortejo del Maestro. Esa inefable María Magdalena, figura de poliédrica y rica personalidad, por la que los templarios sintieron una profunda simpatía como posible encarnación de la Dama. Juan, el Precursor, «la voz del que clama en el desierto», y el otro Juan, el probable evangelista de rica y hermética palabra. Y paremos de contar. No fueron los apóstoles personas demasiado atrayentes para los templarios, con la posible excepción de Pedro, el «guardián de las dos llaves». La interpretación esotérica que el Temple pudo hacer de los Evangelios y de otros textos canónicos, enriquecida como decimos por el flujo de informaciones recibidas, dio como resultado la creación un pensamiento religioso particular, antagónico en muchos puntos con el dogma cristiano.

La importante corriente gnóstica y maniquea seguía viva en gran medida en Oriente. Esa corriente, más una mística residual de las iglesias de Asia, tuvo que provocar un llamamiento igualmente místico en los templarios, que muy bien pudieron pensar en una síntesis, tanto espiritual como temporal, de Occidente y Oriente, y que los llevó a aceptar sin el menor escrúpulo rituales musulmanes, gnósticos, zoroástricos o maniqueos.

Estas fusiones y simbiosis generaron a lo largo de los siglos un sinfín de movimientos sectarios que de modo más o menos espurio pretendieron capitalizar —sin conseguirlo en la mayoría de los casos— la esencia de la antigua Orden del Temple. Sobran autores que ven al Temple encarnado en toda una constelación de sociedades secretas y discretas, tanto pasadas como presentes. El afán de hacer pervivir instituciones ya periclitadas, pero que en su día poseyeron un elevado patrimonio de conocimientos esotéricos es muy intenso. No es de extrañar, por tanto, que sea amplio el número de sociedades que se dicen hoy día herederas de la auténtica Orden del Temple.

Por lo demás, y tocando ya otro registro, no es conveniente crear martirologios. La dosis de fanatismo que subyace en todo mártir, y el peligro potencial que encierra su actuación aparentemente ejemplar, no constituyen precisamente la mejor aportación para la lucidez y la apertura del espíritu. Ni los templarios vieron a Jesús como un mártir, ni es acertado que los veamos a ellos como miembros de una orden martirizada. Mejor es que nos atengamos a lo que escribía el espléndido trovador que fue Wolfram von Eschenbach —sin duda, templario de pro—, cuando afirmaba que el combate y la lucha son una ascesis, una forma de purificación, un camino hacia los valores trascendentales. Siendo esto así, el papel del Temple cumplió su cometido a la perfección. Citando a mi buen amigo Juan G. Atienza, diremos aquí que el concepto arcano de la milicia adquiere «en el lenguaje simbólico del camino tradicional un carácter próximo al proceso, igualmente místico, que se da en el camino hacia el Conocimiento, hacia la Gnosis». Las victorias, las derrotas, las conquistas territoriales o los triunfos político-religiosos carecen de gran valor en este tipo de realización. En este sentido, la Orden del Temple cumplió su cometido.

Pero si no somos amigos de los martirologios, tampoco debemos serlo de las falsas idealizaciones. Si los templarios no gozaron de simpatías en muchos sectores —al margen de la envidia que podía generar su gran poder militar y financiero—, ello se debía a la prepotencia y a la soberbia de que hicieron gala. En muchos casos se mostraron despreciativos e insolentes. Su organización de república aristocrática dotaba a sus miembros de un elitismo a menudo insoportable. El Temple hacía la guerra, firmaba la paz y establecía las treguas a su entera voluntad. Como es lógico, este comportamiento no era el más adecuado para granjearse amistades. Es justo que se tengan presentes también estas características de una orden que, en tantas otras facetas, no ha podido tener parangón.

Y ya como colofón a estas páginas digamos que, a nuestro juicio, tanto la figura del Jesús templario como la misma Orden del Temple y, por supuesto, la interpretación que del primero hizo la segunda, no deberían ser contemplados de forma dogmática y partidista. Uno y otra ofrecen múltiples y muy ricas facetas —aunque en ocasiones puedan resultar sorprendentes y contradictorias— que habrían de ser estudiadas con el cuidado que temas de tal categoría requieren.

Por nuestra parte, no nos resta más que suscribir un lema al que nos adherimos plenamente, y que hace patente la postura que hemos querido mantener en la realización de la presente obra: la Verdad es una tierra que carece de sendas trilladas.

El Escorial, septiembre de 2005

Apéndices

FRAGMENTOS de la orden de arresto de todos los templarios, emitida el 14 de septiembre de 1307 por el rey Felipe IV el Hermoso, desde la abadía de Sainte Marie de Pontoise:

«... Un hecho amargo, un hecho deplorable, un hecho horrible de pensar y terrible de escuchar; un crimen detestable, un acto abominable, una infamia atroz, totalmente inhumana, más aún, extraña a toda humanidad, ha resonado en nuestros oídos a través del informe de muchas personas dignas de fe, llenándonos de gran estupor y haciéndonos estremecer con violento horror. Y al sopesar su gravedad, un dolor inmenso crece en nos, tanto más cruelmente ya que no cabe duda de que la enormidad del crimen llega a convertirse en una ofensa a la Divina Majestad y haciéndose una vergüenza para la humanidad, un pernicioso ejemplo del mal y un escándalo universal... Esa gente es comparable a las bestias desprovistas de razón; más aún, sobrepasan esta sinrazón con su sorprendente bestialidad, exponiéndose a todos los crímenes de los que aborrece y huye incluso la sensualidad de las bestias. Esta gente ha abandonado a Dios su creador, se ha separado de Él, que es su salvación, y ha inmolado a los demonios».

«... Además, por informes de personas dignas de crédito que hemos recibido, sabemos que los hermanos de la orden

de la milicia del Temple, ocultando al lobo bajo la apariencia de cordero y bajo el hábito de la orden, han insultado mi-
serablemente la religión de nuestra Fe, crucificando en nuestros días de nuevo a Nuestro Señor Jesucristo... Para entrar en
la orden se les presenta su imagen y por una desdicha, ¿qué
digo?, por una miserable ceguera, reniegan de él tres veces; y
con una crueldad horrible le escupen también tres veces a la
cara. Tras lo cual, despojados de las ropas que llevan en la vida
secular, desnudos, son besados por el que los recibe, de
acuerdo con el rito odioso de la orden: primero en la parte
baja de la espina dorsal, seguidamente en el ombligo y finalmente en la boca, para vergüenza de la dignidad humana.
Y tras haber ofendido a la ley divina con acciones tan abomi-
nables y actos tan detestables se obligan, por el voto de su pro-
fesión y sin temer ofender a las leyes humanas, a entregarse
los unos a los otros, sin rehusar nada, cuando son requeridos
por efecto del vicio de un horrible y aterrador concubinato...
Esta gente inmunda ha dejado la fuente de agua viva y ha re-
emplazado su gloria por la estatua del Becerro de Oro, e in-
mola ante los ídolos...»

«... Y aunque al principio tuvimos pena al prestar atención a los portadores de rumores tan funestos, sospechando
que pudieran provenir de la envidia, del aguijón del odio, de
la codicia más que del fervor de la Fe, del celo por la justicia o del sentimiento de caridad, los delatores y denun-
ciadores susodichos se han multiplicado y el escándalo ha
tomado consistencia. Y de las susodichas presunciones, de
argumentos de peso y legítimos, de conjeturas probables, ha
surgido una presunción y una sospecha violentas que nos
han llevado a buscar la verdad en este sentido. Y tras haber
hablado con nuestro muy santo Padre en el Señor, Clemente, por la divina providencia soberano pontífice de la
muy Santa Iglesia romana y universal; tras haber tratado cuidadosamente con nuestros prelados y barones y haber deli-
berado con nuestro Consejo en pleno, hemos comenzado a
preparar cuidadosamente los medios más útiles para infor-

marnos y los caminos más eficaces posibles a fin de encontrar la verdad. Y cuanto más hemos examinado amplia y profundamente, más graves han sido las abominaciones que hemos encontrado...»

Tablas cronológicas

Nota. Las fechas que figuran a continuación tienen carácter aproximativo hasta el Concilio de Nicea.

∾

Año

30 aprox.	Crucifixión de Jesús de Nazaret.
30-60	Actividad apostólica de Pablo.
55-62	Fecha aproximada de la composición del Evangelio de Marcos.
70-80	Probable composición de los Evangelios de Lucas y Mateo.
90-100	Probable composición del Evangelio de San Juan.
100	Redacción del *Apócrifo de Juan*. Esoterismo judío
130	Los gnósticos en Roma.
216	Nace Mani en Babilonia.
325	El Concilio de Nicea define la creencia ortodoxa cristiana.
375-395	Persecución de los maniqueos bajo el emperador Teodosio.
719	Se levanta en Pekín la primera iglesia maniquea.
834	Se inicia la persecución de los maniqueos en China.
950 aprox.	Actividad de los bogomilos en Bulgaria.
1099	Primera Cruzada. Toma de Jerusalén por Godofredo de Bouillon.
1119	Hugo de Payens funda en Jerusalén la Orden del Temple.
1128	Concilio de Troyes. La Orden del Temple obtiene el reconocimiento oficial.

1136	Muere Hugo de Payens, primer Gran Maestre del Temple.
1147-49	Segunda Cruzada dirigida por el emperador de Alemania Conrado III y Luis VII de Francia.
1172	Concilio cátaro de San Félix de Caraman.
1189-92	Tercera Cruzada dirigida por el emperador de Alemania, Federico I Barbarroja.
1190	El papa Alejandro III lanza anatema contra los cátaros.
1202-04	Cuarta Cruzada dirigida por nobles francos.
1203	Arnaud Amauric y Pedro de Castelnau inician su misión en el Languedoc.
	Domingo de Guzmán y el cátaro Guilhabert de Castres mantienen un debate en Montreal.
1207	El 15 de enero el legado papal Pedro de Castelnau es abatido en St. Gilles. Llamamiento a las armas contra los cátaros del papa Inocencio III.
1209	El ejército, dirigido por Simón de Montfort, se reúne en Lyon.
	El 22 de julio se produce la matanza de Béziers.
1212	Cruzada de los niños que tiene un final desastroso. Los niños y adolescentes participantes terminan siendo vendidos como esclavos en Alejandría.
1215	Concilio de Letrán. Federico II Hohenstaufen accede al trono del Sacro Imperio Romano Germánico.
1216	Simón de Montfort es elegido jefe del ejército real para combatir al catarismo
1228-29	Quinta Cruzada dirigida por el emperador alemán excomulgado Federico II.
1244	El 16 de marzo los soldados de Luis IX asaltan Montségur y 215 cátaros son quemados al pie del picacho.
1250	La Orden del Temple alcanza los 20.000 miembros.

1270	Séptima y última Cruzada dirigida por Luis IX de Francia.
1271	El Languedoc pasa a ser gobernado por la Corona francesa.
1290	Los templarios pierden la plaza fuerte de Trípoli.
1291	Caída de Acre.
1292	Los templarios se refugian en Chipre.
1298	Jacques de Molay es nombrado Gran Maestre del Temple. Será el último en ostentar este cargo.
1304	El Temple alcanza los 30.000 miembros.
1307	Comienzan los interrogatorios a los templarios.
1312	El concilio de Vienne suspende la Orden del Temple. Los bienes de la orden pasan en su mayor parte a los Hospitalarios.
1314	Proceso de Jacques de Molay. El 14 de marzo de este años, tras retirar la confesión que había hecho bajo tortura, el último Gran Maestre del Temple sube a la pira. En este mismo año mueren los dos instigadores de la persecución del Temple: Felipe el Hermoso y el papa Clemente V.

Los 23 Grandes Maestres de la Orden del Temple

1. Hugues de Payns, 1118-1136.
2. Robert de Craon, 1136-1146.
3. Everard des Barres, 1146-1149.
4. Bernard de Tremelay, 1149-1153.
5. André de Montbard, 1153-1156.
6. Bertrand de Blanchefort, 1156-1169.
7. Phillipe de Milly, 1169-1171.
8. Eudes de Saint Amand, 1171-1179.
9. Arnaud de Toroge, 1179-1184.
10. Gérard de Ridefort, 1185-1190.
11. Robert de Sablé, 1191-1193.
12. Gilbert Erail, 1194-1200.
13. Phillipe de Plessis, 1201-1210.
14. Guillaume de Chartres, 1210-1219.
15. Pierre de Montaign, 1219-1232.
16. Armand de Périgord, 1232-1244.
17. Richard de Bures, 1245-1247.
18. Guillaume de Sonnac, 1247-1250.
19. Renaud de Vichiers, 1250-1256.
20. Thomas Béraud, 1256-1273.
21. Guillaume de Beaujeau, 1273-1291.
22. Thibaud Gaudin, 1291-1293.
23. Jacques de Molay, 1293-1314.

Códices de la Biblioteca de Nag Hammadi

༄

Lista de los Códices, con su correspondiente contenido, que fueron encontrados en diciembre de 1945 y que conforman la Biblioteca de Nag Hammadi.

Códice uno («Códice Jung»)
1. *Oración del apóstol Pablo.*
2. *El apócrifo de Santiago.*
3. *El Evangelio de la Verdad.*
4. *El tratado sobre la Resurrección*
5. *El tratado tripartito.*

Códice dos
1. *El apócrifo de Juan.*
2. *El Evangelio de Tomás.*
3. *El Evangelio de Felipe.*
4. *La hipóstasis de los arcones.*
5. *Sobre el origen del mundo.*
6. *La exégesis del alma.*
7. *Libro de Tomás el Contendiente.*

Códice tres
1. *El apócrifo de Juan (versión más corta que la primera).*
2. *El Evangelio de los egipcios.*
3. *Eugnostos el Bendito.*

4. *La Sophia de Jesucristo.*
5. *El diálogo del Salvador.*

Códice cuatro
1. *Apócrifo de Juan (otra copia).*
2. *El Evangelio de los egipcios (otra copia, con algunas variantes textuales).*

Códice cinco
1. *Eugnostos el Bendito (muy similar al texto anteriormente mencionado).*
2. *El apocalipsis de Pablo.*
3. *El primer apocalipsis de Santiago.*
4. *El segundo apocalipsis de Santiago.*
5. *El apocalipsis de Adán.*

Códice seis
1. *Los hechos de Pedro y los doce apóstoles.*
2. *El trueno: la mente perfecta.*
3. *Enseñanza autorizada.*
4. *El concepto de nuestro gran poder.*
5. *La República de Platón.*
6. *Sobre el Ocho y el Nueve.*
7. *La oración de acción de gracias.*
8. *Asclepios.*

Códice siete
1. *La paráfrasis de Shem.*
2. *El segundo tratado del gran Seth.*
3. *El apocalipsis de Pedro.*
4. *Las enseñanzas de Silvanus.*
5. *Las tres estelas de Seth.*

Códice ocho
1. *Zostrianos.*
2. *La carta de Pedro a Felipe.*

Códice nueve
1. *Melquisedec.*
2. *El pensamiento de Norea.*
3. *El testimonio de la verdad.*

Códice diez
1. *Marsanes.*

Códice once
1. *La interpretación del conocimiento.*
2. *Una exposición valentiniano.*
3. *Alógenos.*
4. *Hypsiphrone.*

Códice doce
1. *Las sentencias de Sextus.*
2. *El Evangelio de la verdad.*
3. *Fragmentos sin identificar.*

Códice trece
1. *Protennoia Trimórfica.*
2. *Sobre el origen del mundo.*

Bibliografía

❧

Selección de textos más significativos consultados para la realización de la presente obra.

AMBELAIN, Robert: *Jesús o el secreto mortal de los templarios,* Ed. Martínez Roca, 1985.

ANGEBERT, Jean-Michel: *Les cités magiques,* Ed. Albin Michel, 1974.

ANGEBERT, Jean-Michel: *Los místicos del sol,* Ed. Plaza & Janés, 1974.

BARBER, M.: *The Trial of the Templars,* Nueva York, 1978.

BELLOC, Hilaire: *The Great Heresies,* Ed. Huemul, 1956.

BORDONOVE, Georges: *Les templiers, histoire et tragédie,* Ed. Fayard, 1977.

CARO BAROJA, Julio: *Jardín de flores raras,* Ed. Seix Barral, 1993

CIRLOT, Juan Edo: *Diccionario de símbolos,* Ed. Labor, 1982.

CRÉPON, Pierre: *Los evangelios apócrifos,* Ed. Edaf, 2005.

CHURTON, Tobías: *Los gnósticos,* Ed. Edaf, 1987.

CHARPENTIER, Louis: *El enigma de la catedral de Chartres,* Ed. Martínez Roca, 2002.

DAVY, Marie-Madeleine: *Bernard de Clairvaux,* Ed. Du Felin, 1990.

DESCHNER, Karlheinz: *Historia criminal del cristianismo,* Ed. Martínez Roca, 1992.

DE SÈDE, Gérard: *El tesoro cátaro,* Plaza & Janés, 1968.

DUCHESNE-GUILLEMIN, J.: *Zoroastre,* G. P. Maisonneuve, 1948.

DUNHAM, Barrows: *Héroes y herejes,* Ed. Seix & Barral, 1969.

DUPUY: *La condannation des templiers,* Impres-Sud, 1970.

EVOLA, Julius: *Il mistero del Graal,* Edicioni Mediterranee, 1972.

EVOLA, Julius: *La tradizione ermetica,* Edicioni Mediterranee, 1972.

FRANZ, Marie-Louise von: *Alquimia,* Ed. Luciérnaga, 1991.

G. ATIENZA, Juan: *Los caballeros teutónico,* Ed. Martínez Roca, 1999.

GARDNER, Laurence: *Bloodline of the Holy Grail,* C Labhràn, 1996.

GEORGE, Leonard: *Enciclopedia de los herejes y las herejías,* Ed. Robinbook, 1995.

GRAD, A. D.: *Les clefs secrètes d'Israel,* Ed. Robert Laffont, 1973.

GRAVES, Robert: *Rey Jesús,* Ed. Edhasa, 1989.

GUÉNON, René: *El simbolismo de la cruz,* Ed. Sudamericana, 1970.

HILGEMANN, Werner, y KINDER, Hermann: *Atlas histórico mundial,* Ed. Istmo, 1994.

LADERO QUESADA, Miguel A.: *Historia Universal. Edad Media,* Ed. Vicens Vives, 1995.

LAMY, Michel: *Les Templiers,* Éditions Aubéron, 2002.

LENGLET DU FRESNOY: *Historia de la Filosofía Hermética.*

MENÉNDEZ PELAYO, Marcelino: *Historia de los heterodoxos españoles,* vol. I, Biblioteca de Autores Cristianos, 1986.

MICHEL, Aimé: *El misticismo. El hombre interior y lo inefable,* Ed. Plaza & Janés, 1975.

ODIER, Daniel, y DE SMEDT, Marc: *Les mystiques orientales,* Ed. Culture, Art, Loisir, 1972.

OLDENBOURG, Zoe: *Los quemados,* Edhasa, 1998.

PETERSON, Roland: *Everyone is right,* Devorss Publications, 1992.

PICHON, Jean-Charles: *L'homme et les dieux,* Ed. Robert Laffont, 1965.

PICHON, Jean-Charles: *Historia de los mitos,* Ed. Martínez Roca, 1977.

PONSOYE, Pierre: *L'Islam et le Graal: étude sur l'esoterisme du Parzival de Wolfram von Eschenbach,* Ed. Arché, 1976.

RENAN, Ernest: *Vida de Jesús,* Ed. Edaf, 1985.

RIQUER DE, Martín: *Los trovadores,* Ed. Ariel, 1975.

RIVIERE, Jean: *Historia de las doctrinas esotéricas,* Ed. Dedalo, 1970.

ROBINSON, James M.: *The Nag Hammadi Library,* Harper & Row, 1981.

RODRÍGUEZ SANTIDRIÁN, Pedro: *Diccionario de las religiones,* Alianza Editorial,1989.

ROOB, Alexander: *Alquimia y mística,* Ed. Taschen. 2001.

ROUGEMONT, Denis de: *El amor y Occidente,* Ed. Kairós, 1986.

RUNCIMAN, Steven: *A History of the Crusades,* Cambridge University Press, 1954.

SCHONFIELD, Hugh J.: *El enigma de los esenios,* Ed. Edaf, 1995.

SEEMAN, Otto: *Mitología clásica,* Ed. Vergara, 1960.

SHAH, Idries: *Los sufíes,* Luis de Caralt Editor, S. A., 1984.

SHATTUCK, Roger: *Conocimiento prohibido,* Ed. Taurus, 1998.

SPENCER LEWIS, H.: *La vie mystique de Jésus,* Ed. Robert Laffont, 1972.

STARBIRD, Margaret: *María Magdalena y el Santo Grial,* Ed. Planeta, 2004.

TUÑÓN DE LARA, Manuel; VALDEÓN BARUQUE, Julio, y DOMÍNGUEZ ORTIZ, Antonio: *Historia de España,* Ed. Labor. 1991.

VARENNE, Jean: *Zarathoustra et la tradition mazdéenne,* Ed. Le Seuil, 1966.

WESTON, J. L.: *The Quest of the Holy Grail,* Londres, 1913.